Emotionale Regulierung für Erwachsene mit Autismus

Ein umfassender Fahrplan für eine bessere psychische Gesundheit, mehr Selbstvertrauen und ein ausgeglicheneres Leben

von

Davis P. Atkinson

INHALT

KAPITEL 1

Emotionale Regulierung verstehen

Emotionale Regulierung definieren

<u>Was ist emotionale Regulierung?</u>

Unter emotionaler Regulierung versteht man die Fähigkeit, emotionale Erfahrungen auf gesunde und konstruktive Weise zu bewältigen und darauf zu reagieren. Dazu gehört es, den eigenen emotionalen Zustand zu erkennen, die Auslöser zu verstehen, die zu bestimmten Emotionen führen, und Strategien zur Aufrechterhaltung des emotionalen Gleichgewichts anzuwenden. Die Emotionsregulation umfasst eine Reihe von Prozessen, von der bewussten Veränderung der Intensität und Dauer einer Emotion bis hin zur Auswahl geeigneter Verhaltensreaktionen.

Für Erwachsene mit Autismus ist die emotionale Regulierung aufgrund der einzigartigen Art und Weise, wie sie Emotionen erleben und ausdrücken, besonders wichtig. Viele Menschen im Autismus-Spektrum leiden unter einer erhöhten emotionalen Sensibilität, die zu intensiven emotionalen Reaktionen auf scheinbar unbedeutende Reize führen kann. Aufgrund dieser Sensibilität ist die Fähigkeit, Emotionen zu regulieren, für die Aufrechterhaltung der täglichen Funktionalität und des allgemeinen Wohlbefindens unerlässlich.

Eine wirksame emotionale Regulierung ermöglicht es dem Einzelnen, die Herausforderungen des Lebens leichter zu meistern und verhindert emotionale Dysregulation, die zu Angstzuständen, Depressionen und anderen psychischen Problemen führen kann. Dazu gehören Fähigkeiten wie das Erkennen, wenn eine emotionale Reaktion unverhältnismäßig ist, das Verstehen, warum dies passieren könnte, und das Wissen, wie man sich selbst beruhigt oder Unterstützung sucht.

Bei der Emotionsregulation geht es nicht darum, Emotionen zu unterdrücken oder schwierige Gefühle zu vermeiden. Stattdessen geht es darum, eine ausgewogene Herangehensweise an emotionale Erfahrungen zu schaffen, bei der man Emotionen vollständig spüren kann, ohne von ihnen überwältigt zu werden. Techniken wie Achtsamkeit, kognitive Umstrukturierung und Stressbewältigung sind integrale Bestandteile dieses Prozesses.

<u>Warum ist es für Erwachsene mit Autismus wichtig?</u>
Für Erwachsene mit Autismus ist die emotionale Regulierung aus mehreren Gründen von großer Bedeutung. Erstens stehen viele autistische Menschen aufgrund unterschiedlicher neurologischer Funktionen vor Schwierigkeiten bei der Verarbeitung und dem Ausdruck von Emotionen. Dies kann zu Missverständnissen und sozialen Konflikten führen und es schwieriger machen, Beziehungen aufrechtzuerhalten und sich im sozialen Umfeld zurechtzufinden. Fähigkeiten zur Emotionsregulation tragen dazu bei, diese Schwierigkeiten zu mildern, indem sie Werkzeuge zur effektiveren Bewältigung emotionaler Reaktionen bereitstellen.

Zweitens kann eine emotionale Dysregulation die sensorischen Empfindlichkeiten verstärken, ein häufiges Merkmal autistischer Menschen. Wenn eine autistische Person emotional überfordert ist, kann sich ihre Empfindlichkeit gegenüber sensorischen Eingaben wie Lärm, Licht und Berührung verstärken, was zu Zusammenbrüchen oder Abschaltungen führt. Wenn Sie lernen, Emotionen zu regulieren, können Sie die Häufigkeit und Schwere dieser Reizüberflutungserlebnisse reduzieren und so die allgemeine Lebensqualität verbessern.

Darüber hinaus ist die emotionale Regulierung von entscheidender Bedeutung für die Bewältigung gleichzeitig auftretender Erkrankungen wie Angstzustände, Depressionen und ADHS, die bei Erwachsenen mit Autismus weit verbreitet sind. Effektive Regulierungsstrategien können die Auswirkungen dieser Erkrankungen abmildern und so eine bessere psychische Gesundheit und Stabilität fördern. Beispielsweise kann das Praktizieren von Achtsamkeit Ängste reduzieren, indem es dem Einzelnen hilft, im gegenwärtigen Moment geerdet zu bleiben, während kognitive Verhaltenstechniken depressive Denkmuster angehen können.

Auch im beruflichen und akademischen Umfeld spielt die Emotionsregulation eine Schlüsselrolle.

Erwachsene mit Autismus sind am Arbeitsplatz oder im Bildungsumfeld häufig mit einzigartigen Stressfaktoren konfrontiert, wie z. B. sozialen Missverständnissen, starren Strukturen und sensorischen Herausforderungen. Durch die Entwicklung starker emotionaler Regulierungsfähigkeiten können sie diese Stressfaktoren besser bewältigen, die Produktivität aufrechterhalten und sich für notwendige Anpassungen einsetzen.

Schließlich trägt die emotionale Regulierung zum Selbstvertrauen und zum persönlichen Wachstum bei. Wenn autistische Menschen lernen, mit ihren Emotionen umzugehen, gewinnen sie ein Gefühl der Kontrolle über ihr Leben, was zu einem gesteigerten Selbstwertgefühl und Selbstbestimmung führt. Dies fördert ein positives Selbstbild und fördert die Verfolgung persönlicher Ziele und Wünsche.

Das Verständnis und die Beherrschung der emotionalen Regulierung ist für Erwachsene mit Autismus von entscheidender Bedeutung, da sie sich direkt auf ihre geistige Gesundheit, soziale Interaktionen, Sinneserfahrungen und die allgemeine Lebensqualität auswirkt. Indem dieses Kapitel die

Bedeutung der emotionalen Regulierung definiert und hervorhebt, legt es den Grundstein für die Erforschung praktischer Strategien und Werkzeuge, die autistischen Menschen helfen können, ein ausgeglicheneres und erfüllteres Leben zu führen.

Die Wissenschaft der Emotionen

<u>Wie Emotionen im Gehirn verarbeitet werden</u>
Emotionen sind komplexe Erfahrungen, die mehrere Regionen und Systeme im Gehirn betreffen. Im Mittelpunkt der emotionalen Verarbeitung steht das limbische System, eine Reihe von Strukturen, zu denen die Amygdala, der Hippocampus und der Hypothalamus gehören.

Der **Amygdala** spielt eine entscheidende Rolle bei der Erkennung und Reaktion auf emotionale Reize, insbesondere solche, die mit Angst und Bedrohung verbunden sind. Es fungiert als emotionales Alarmsystem, das eingehende Informationen schnell verarbeitet und entsprechende emotionale und physiologische Reaktionen auslöst. Wenn Sie beispielsweise in eine bedrohliche Situation geraten, aktiviert die Amygdala die Kampf-oder-Flucht-Reaktion des Körpers.

Der **Hippocampus** ist an der Bildung und dem Abrufen von Erinnerungen beteiligt, was für die Kontextualisierung von Emotionen unerlässlich ist. Es hilft dabei, die emotionale Bedeutung vergangener Erfahrungen zu bestimmen und wie mit ähnlichen aktuellen Situationen emotional umgegangen werden sollte. Der Hippocampus sorgt in Koordination mit der Amygdala dafür, dass emotionale Reaktionen mit persönlichen Erfahrungen und Erinnerungen verknüpft werden.

Der **Hypothalamus** reguliert körperliche Reaktionen auf Emotionen, wie z. B. Veränderungen der Herzfrequenz, des Blutdrucks und des Hormonspiegels. Es orchestriert die physiologischen Aspekte emotionaler Erfahrungen und stellt sicher, dass der Körper bereit ist, angemessen zu reagieren.

Neben dem limbischen System ist das **präfrontaler Kortex** spielt eine entscheidende Rolle bei der emotionalen Verarbeitung höherer Ordnung. Dieser Teil des Gehirns ist für die Regulierung und Kontrolle emotionaler Reaktionen verantwortlich und ermöglicht so die Reflexion und Modulation von Emotionen. Es ist an der Entscheidungsfindung,

Impulskontrolle und der Bewertung der Konsequenzen von Handlungen beteiligt, die alle für eine wirksame emotionale Regulierung von entscheidender Bedeutung sind.

Der **die Insel**, eine weitere wichtige Gehirnregion, ist wichtig für das subjektive Erleben von Emotionen wie Glück, Traurigkeit oder Ekel. Es integriert sensorische Informationen mit emotionalen Erfahrungen und trägt so zu den mit Emotionen verbundenen körperlichen Empfindungen bei.

Neurotransmitter wie Serotonin, Dopamin und Noradrenalin spielen ebenfalls eine wichtige Rolle bei der emotionalen Verarbeitung. **Serotonin** ist mit der Stimmungsregulierung verbunden, **Dopamin** ist mit Vergnügen und Belohnung verbunden, und **Noradrenalin** ist an der Stressreaktion des Körpers beteiligt. Das Gleichgewicht und die Interaktion dieser Chemikalien beeinflussen die emotionale Stabilität und Reaktionsfähigkeit.

<u>Unterschiede in der emotionalen Verarbeitung bei autistischen Personen</u>

Die emotionale Verarbeitung bei autistischen Personen kann sich aufgrund von Variationen in der Gehirnstruktur und -funktion erheblich von der neurotypischen Personen unterscheiden. Diese Unterschiede können sich darauf auswirken, wie Emotionen wahrgenommen, interpretiert und ausgedrückt werden.

Ein bemerkenswerter Unterschied besteht in der **Amygdala**. Studien haben gezeigt, dass die Amygdala bei autistischen Personen möglicherweise größer und reaktiver ist, was zu verstärkten emotionalen Reaktionen und einer erhöhten Empfindlichkeit gegenüber emotionalen Reizen beitragen kann. Diese erhöhte Reaktionsfähigkeit kann soziale Interaktionen und Sinneserfahrungen überwältigender machen, was zu Herausforderungen beim Umgang mit Emotionen führt.

Der **präfrontaler Kortex** Bei autistischen Personen können auch Unterschiede in den Konnektivitäts- und Aktivierungsmustern auftreten. Dies kann Auswirkungen auf exekutive Funktionen wie Planung, Impulskontrolle und emotionale Regulierung haben. Infolgedessen fällt es autistischen Personen möglicherweise schwerer, ihre emotionalen Reaktionen zu modulieren, und es kann zu intensiveren und länger anhaltenden emotionalen Reaktionen kommen.

Darüber hinaus ist die **die Insel** kann sensorische und emotionale Informationen bei autistischen Personen unterschiedlich verarbeiten. Dies kann zu einem gesteigerten Bewusstsein für innere Körperempfindungen führen, was zur Intensität emotionaler Erfahrungen beitragen kann. Beispielsweise könnte eine autistische Person Emotionen eher körperlich empfinden, etwa durch eine erhöhte Herzfrequenz oder Magen-Darm-Beschwerden.

Ungleichgewichte der Neurotransmitter werden auch bei autistischen Personen beobachtet und beeinflussen die emotionale Regulierung. Schwankungen des Serotonin- und Dopaminspiegels können beispielsweise die Stimmungsstabilität und die Fähigkeit, Freude und Belohnung zu empfinden, beeinflussen. Diese Ungleichgewichte können zu gleichzeitig auftretenden Erkrankungen wie Angstzuständen und Depressionen führen, die bei autistischen Menschen häufig auftreten.

Darüber hinaus ist die **Hippocampus** und seine Rolle bei der Gedächtnisbildung und dem Abruf kann sich darauf auswirken, wie Emotionen kontextualisiert werden. Autistische Menschen können unterschiedliche Gedächtnisverarbeitungsmuster aufweisen, die sich darauf auswirken können, wie vergangene emotionale Erfahrungen aktuelle Reaktionen beeinflussen. Dies kann zu Schwierigkeiten bei der Vorhersage und Bewältigung emotionaler Reaktionen auf der Grundlage früherer Erfahrungen führen.

Endlich, **Unterschiede in der sensorischen Verarbeitung** bei autistischen Menschen können emotionale Erfahrungen tiefgreifend beeinflusst werden. Sensorische Empfindlichkeiten wie eine erhöhte Empfindlichkeit gegenüber Lärm, Licht oder Berührung können starke emotionale Reaktionen auslösen. Das Verstehen und Beherrschen dieser sensorischen Empfindlichkeiten ist für eine wirksame emotionale Regulierung von entscheidender Bedeutung.

Zusammenfassend lässt sich sagen, dass die Wissenschaft der Emotionen komplexe

Interaktionen zwischen verschiedenen Gehirnregionen und Neurotransmittersystemen beinhaltet. Bei autistischen Menschen können Unterschiede in diesen Prozessen zu einzigartigen Herausforderungen bei der emotionalen Verarbeitung und Regulierung führen. Das Erkennen und Angehen dieser Unterschiede ist für die Entwicklung wirksamer Strategien zur Verbesserung des emotionalen Wohlbefindens und der allgemeinen Lebensqualität von entscheidender Bedeutung.

KAPITEL 2

Häufige emotionale Herausforderungen bei Autismus

Emotionale Auslöser identifizieren

Autistische Erwachsene stehen oft vor einzigartigen emotionalen Herausforderungen, die größtenteils von ihren unterschiedlichen sensorischen und sozialen Erfahrungen beeinflusst werden. Das Verständnis dieser Auslöser ist entscheidend für den effektiven Umgang mit Emotionen.

<u>Sensorische Empfindlichkeiten und Überlastung</u>
Einer der wichtigsten emotionalen Auslöser für autistische Menschen ist die sensorische Sensibilität. Dies kann sich auf unterschiedliche Weise äußern, wobei jede Person unterschiedliche Schwellenwerte und Reaktionen auf Sinnesreize hat. Beispielsweise können helles Licht, laute Geräusche, bestimmte Texturen oder starke Gerüche schnell überwältigend wirken.

<u>Reizüberflutung:</u>

- Wenn der Reizeindruck zu intensiv wird, kann es zu einer Reizüberflutung kommen. Dieses überwältigende Gefühl kann eine Reihe emotionaler Reaktionen auslösen, von Angst und Panik bis hin zu Wut und Frustration. In einem Zustand der Reizüberflutung fällt es dem Gehirn schwer, den Informationsfluss zu verarbeiten, was zu einem erhöhten Stressniveau führt.

- Beispiel: Stellen Sie sich vor, Sie befinden sich in einem überfüllten Supermarkt mit hellem Neonlicht, dem ständigen Summen von Kühlschränken, mehreren gleichzeitig stattfindenden Gesprächen und dem gelegentlichen Piepton eines Scanners. Für eine autistische Person mit sensorischen Empfindlichkeiten kann diese Umgebung äußerst herausfordernd sein und möglicherweise zu einem Zusammenbruch oder Stillstand führen, da ihre Bewältigungsmechanismen überfordert sind.

<u>Strategien kopieren:</u>

- Sensorische Hilfsmittel: Der Einsatz sensorischer Hilfsmittel wie geräuschunterdrückender Kopfhörer, Sonnenbrillen oder Zappelgeräte kann dabei helfen, sensorische Eingaben zu verwalten. Diese Hilfsmittel können die Intensität des

Sinneserlebnisses verringern und es so besser beherrschbar machen.

- Kontrollierte Umgebungen: Die Schaffung oder Suche nach kontrollierten Umgebungen, die sensorische Auslöser minimieren, ist eine weitere wirksame Strategie. Wenn Sie beispielsweise Lebensmittel zu weniger geschäftigen Zeiten einkaufen, Online-Einkaufsdienste nutzen oder sich zu Hause einen ruhigen Ort einrichten, können die täglichen Aktivitäten weniger stressig sein.

Soziale Interaktionen und Kommunikationsschwierigkeiten

Soziale Interaktionen und Kommunikation können für autistische Menschen wichtige emotionale Auslöser sein. Die Nuancen sozialer Signale, der Körpersprache und die impliziten Regeln des sozialen Engagements können oft schwierig zu bewältigen sein.

Missverständnis sozialer Hinweise:

- Vielen Autisten fällt es schwer, soziale Signale wie Gesichtsausdrücke, Tonfall oder Körpersprache zu interpretieren. Dies kann zu Missverständnissen und Gefühlen der Isolation oder Ablehnung führen. Was zum Beispiel für eine neurotypische Person wie eine

freundliche Geste erscheinen mag, könnte von jemandem mit Autismus falsch interpretiert oder völlig übersehen werden, was zu Verwirrung oder sozialer Angst führt.
- Beispiel: Am Arbeitsplatz erkennt eine autistische Person möglicherweise nicht, dass der Tonfall eines Kollegen darauf schließen lässt, dass er scherzt, was zu Gefühlen der Verlegenheit oder Frustration führt, wenn sie den Kommentar wörtlich nimmt.

<u>Kommunikationsbarrieren:</u>
- Kommunikationsschwierigkeiten können auch eine erhebliche Ursache für emotionalen Stress sein. Autisten haben möglicherweise Schwierigkeiten, Gespräche zu beginnen, Augenkontakt aufrechtzuerhalten oder abstrakte Sprache und Redewendungen zu verstehen. Diese Herausforderungen können soziale Interaktionen ermüdend machen und zu Rückzug oder Vermeidung führen.
- Beispiel: Während einer Teambesprechung könnte es für eine autistische Person schwierig sein, sich an der Diskussion zu beteiligen, weil sie befürchtet, dass ihre Kommentare missverstanden werden könnten oder dass sie versehentlich etwas Unangemessenes sagen könnte. Diese Angst kann zu

erhöhter Angst und Zurückhaltung bei der Teilnahme an zukünftigen sozialen Interaktionen führen.

Strategien kopieren:
- Training sozialer Fähigkeiten: Das Training sozialer Fähigkeiten kann autistischen Menschen dabei helfen, Strategien zu entwickeln, um soziale Signale besser zu verstehen und darauf zu reagieren. Dieses Training kann Rollenspielübungen, soziale Geschichten und das Üben spezifischer sozialer Szenarien in einer sicheren und unterstützenden Umgebung umfassen.
- Klare Kommunikation: Die Förderung einer klaren und direkten Kommunikation kann ebenfalls von Vorteil sein. Freunde, Familie und Kollegen können helfen, indem sie sich deutlich in ihrer Sprache äußern, Redewendungen vermeiden und klares Feedback geben, um Missverständnisse zu vermeiden.

Highlight: Sinnesempfindungen im Alltag
Das Verständnis der Auswirkungen sensorischer Empfindlichkeiten und sozialer Kommunikationsprobleme auf das emotionale Wohlbefinden ist sowohl für autistische Menschen

als auch für ihre Umgebung von entscheidender Bedeutung. Durch die Identifizierung dieser Auslöser und die Umsetzung wirksamer Bewältigungsstrategien ist es möglich, ein unterstützenderes und verständnisvolleres Umfeld zu schaffen, das die emotionale Regulierung und die allgemeine psychische Gesundheit fördert.

Das Erkennen und Behandeln der häufigsten emotionalen Auslöser bei Autismus ist ein entscheidender Schritt zur Verbesserung der emotionalen Regulierung. Sinnesempfindungen und soziale Interaktionen spielen eine wichtige Rolle in den emotionalen Erfahrungen autistischer Erwachsener. Durch das Verständnis dieser Herausforderungen und die Anwendung wirksamer Strategien können autistische Menschen ihre Emotionen besser bewältigen, was zu einer Verbesserung der psychischen Gesundheit und des Wohlbefindens führt.

Symptome einer emotionalen Dysregulation

Emotionale Dysregulation stellt für viele autistische Menschen eine große Herausforderung dar und äußert sich häufig in einer erhöhten Empfindlichkeit gegenüber emotionalen Reizen und Schwierigkeiten bei der Bewältigung emotionaler Reaktionen. Das Erkennen der Symptome einer emotionalen Dysregulation ist wichtig, um deren Auswirkungen auf das tägliche Leben und die Beziehungen anzugehen.

Erkennen von Anzeichen von Angst, Depression und Zusammenbruch

Emotionale Dysregulation äußert sich bei autistischen Menschen häufig in Angstzuständen, Depressionen und Zusammenbrüchen. Jede dieser Erkrankungen hat unterschiedliche Anzeichen und Auswirkungen, weshalb es wichtig ist, sie zu verstehen und zu identifizieren.

Angst ist bei autistischen Menschen weit verbreitet und wird oft durch Unsicherheit, Veränderung oder Reizüberflutung ausgelöst. Angstsymptome können Unruhe, Reizbarkeit, Konzentrationsschwierigkeiten und körperliche Anzeichen wie erhöhte Herzfrequenz oder Schwitzen sein. Beispielsweise könnte eine autistische Person starke Angst verspüren, wenn sie mit unerwarteten Veränderungen in ihrer Routine konfrontiert wird. Dies kann sich in Herzrasen, flacher Atmung und einem überwältigenden Angstgefühl äußern. In sozialen Situationen kann diese Angst dazu führen, dass sie sich zurückziehen oder in ihren Interaktionen übermäßig vorsichtig werden.

Depressionen können ebenfalls weit verbreitet sein und durch anhaltende Gefühle von Traurigkeit, Hoffnungslosigkeit und mangelndem Interesse an zuvor genossenen Aktivitäten gekennzeichnet sein. Zu den weiteren Symptomen können Veränderungen des Schlafverhaltens, des Appetits und des Energieniveaus gehören. Ein autistischer Mensch, der an einer Depression leidet, könnte morgens Schwierigkeiten haben, aus dem Bett zu kommen, ein allgegenwärtiges Gefühl der Wertlosigkeit verspüren und das Interesse an Hobbys oder Geselligkeit verlieren. Dies kann zu Isolation führen und das Gefühl der Verzweiflung noch verstärken.

Kernschmelzen sind intensive emotionale Ausbrüche, die häufig auf überwältigende Sinneseindrücke, emotionalen Stress oder Frustration zurückzuführen sind. Im Gegensatz zu Wutanfällen sind Zusammenbrüche nicht zielorientiert, sondern eine Reaktion auf Überforderung. Dazu können Weinen, Schreien, aggressives Verhalten oder völliger Rückzug gehören. In einem überfüllten Einkaufszentrum mit hellen Lichtern und lauten Geräuschen könnte eine autistische Person immer unruhiger werden, was zu einem Zusammenbruch führen kann, bei dem sie schreien, weinen oder sogar zu Boden fallen könnte, um den überwältigenden Reizen zu entkommen.

Auswirkungen auf das tägliche Leben und Beziehungen

Die Symptome einer emotionalen Dysregulation können das tägliche Leben und die Beziehungen einer autistischen Person erheblich beeinträchtigen. Das Verständnis dieser Auswirkungen ist der Schlüssel zur Entwicklung effektiver Unterstützungsstrategien.

Im täglichen Leben kann emotionale Dysregulation die Routine stören und es schwierig machen, einen stabilen und produktiven Lebensstil aufrechtzuerhalten. Angstzustände und Depressionen können zu Schwierigkeiten bei der Erledigung alltäglicher Aufgaben wie der persönlichen Hygiene, der Hausarbeit oder der Arbeitspflichten führen. Beispielsweise kann es für eine autistische Person mit schweren Angstzuständen unmöglich sein, das Haus zu verlassen, um zur Arbeit zu gehen oder Besorgungen zu erledigen, was zu Instabilität am Arbeitsplatz und zur Vernachlässigung persönlicher Pflichten führt.

Sensorische Empfindlichkeiten können es schwierig machen, sich in alltäglichen Umgebungen wie öffentlichen Verkehrsmitteln, am Arbeitsplatz oder bei gesellschaftlichen Veranstaltungen zurechtzufinden. Dies kann die Möglichkeiten für soziale Interaktion und gemeinschaftliches Engagement einschränken. Das Vermeiden überfüllter Orte aufgrund einer Reizüberflutung könnte die Fähigkeit einer Person, an sozialen Aktivitäten oder Freizeitaktivitäten teilzunehmen, einschränken und zu Gefühlen der Isolation und Einsamkeit führen.

In Beziehungen kann eine emotionale Dysregulation zu Kommunikationsbarrieren führen, die es autistischen Menschen erschweren, ihre Gefühle und Bedürfnisse effektiv auszudrücken. Dies kann zu Missverständnissen und Konflikten in Beziehungen führen. Beispielsweise kann es einer autistischen Person schwerfallen, ihre Angstgefühle gegenüber einem Partner auszudrücken, was zu Frustration und einem Gefühl emotionaler Distanz innerhalb der Beziehung führt.

Die mit einer Dysregulation einhergehenden intensiven emotionalen Reaktionen können eine erhebliche Belastung für Beziehungen darstellen. Partner, Freunde und Familienmitglieder fühlen sich möglicherweise überfordert oder unsicher, wie sie Unterstützung leisten können. Häufige Zusammenbrüche können sowohl für die autistische Person als auch für ihre Angehörigen belastend sein und möglicherweise zu angespannten Beziehungen führen, wenn keine geeigneten Unterstützungsmechanismen vorhanden sind.

Das Erkennen und Verstehen der Symptome einer emotionalen Dysregulation ist für autistische Menschen und diejenigen, die sie unterstützen, von entscheidender Bedeutung. Angstzustände, Depressionen und Zusammenbrüche sind häufige Erscheinungsformen, die das tägliche Leben und die Beziehungen tiefgreifend beeinträchtigen können. Durch die Identifizierung dieser Symptome und das Verständnis ihrer Auswirkungen wird es möglich, wirksame Strategien und Interventionen zur Bewältigung emotionaler Dysregulation zu entwickeln. Dieses Wissen schafft die Grundlage für die Erforschung gezielter Techniken und Unterstützungssysteme, die autistischen Menschen dabei helfen können, mehr emotionale Stabilität und allgemeines Wohlbefinden zu erreichen, was in den folgenden Kapiteln weiter untersucht wird.

KAPITEL 3

Selbstbewusstsein und emotionale Intelligenz

Aufbau emotionaler Selbstwahrnehmung

Der Aufbau emotionaler Selbstwahrnehmung ist die Grundlage emotionaler Intelligenz. Dabei geht es darum, die eigenen Emotionen und deren Einfluss auf Gedanken und Verhaltensweisen zu erkennen und zu verstehen. Für autistische Erwachsene kann dieser Prozess eine Herausforderung sein, ist aber für eine wirksame emotionale Regulierung unerlässlich.

Techniken zum Identifizieren und Verstehen Ihrer Emotionen

Einer der ersten Schritte beim Aufbau emotionaler Selbstwahrnehmung besteht darin, zu lernen, Emotionen genau zu identifizieren und zu kennzeichnen. Dies kann durch verschiedene Techniken erfolgen.

Das Führen eines emotionalen Tagebuchs ist ein praktisches Hilfsmittel. Durch das Aufschreiben täglicher emotionaler Erfahrungen können Einzelpersonen beginnen, Muster in ihren Emotionen und den Situationen, die sie auslösen, zu erkennen. Ein autistischer Erwachsener könnte beispielsweise bemerken, dass er an Tagen, an denen er an einer Besprechung am Arbeitsplatz teilnehmen muss, besonders ängstlich ist. Durch die Dokumentation dieses Musters können sie beginnen, die spezifischen Aspekte des Meetings zu verstehen, die ihre Ängste auslösen, wie z. B. soziale Interaktionen oder die Unvorhersehbarkeit von Diskussionen.

Eine weitere wirksame Technik ist die Verwendung von Emotionskarten oder -diagrammen, die Einzelpersonen dabei helfen können, ihre Emotionen visuell zu identifizieren und zu kennzeichnen. Diese Tools zeigen häufig eine Reihe von Emotionen mit entsprechenden Gesichtsausdrücken an und helfen so, die Lücke zwischen inneren Gefühlen und äußerer Wahrnehmung zu schließen. Für jemanden, der Schwierigkeiten hat, seine Gefühle zu artikulieren, kann das Zeigen auf eine Emotionskarte, die

„überfordert" oder „frustriert" darstellt, die Kommunikation und das Selbstbewusstsein erleichtern.

Auch Reflexionsübungen sind von Vorteil. Sich jeden Tag ein paar Momente zu nehmen, um über emotionale Erfahrungen nachzudenken, kann das Verständnis vertiefen. Stellen Sie sich Fragen wie „Was habe ich in diesem Moment gefühlt?" oder „Warum habe ich so reagiert?" fördert die Selbstbeobachtung. Beispielsweise könnte ein autistischer Erwachsener nach einem heftigen Streit mit einem Kollegen darüber nachdenken und erkennen, dass seine Frustration nicht auf die Kommentare des Kollegen zurückzuführen ist, sondern auf das Gefühl, missverstanden zu werden.

<u>Die Rolle der Achtsamkeit im Selbstbewusstsein</u>
Achtsamkeit, die Praxis, präsent zu bleiben und sich voll und ganz auf den aktuellen Moment einzulassen, spielt eine entscheidende Rolle beim Aufbau emotionaler Selbstwahrnehmung. Durch die Kultivierung der Achtsamkeit können autistische Erwachsene ein größeres Bewusstsein für ihre emotionalen Zustände entwickeln und lernen,

nachdenklicher statt reaktiv auf Emotionen zu reagieren.

Achtsamkeitsmeditation ist ein wirksames Mittel zur Förderung dieses Bewusstseins. Bei der Achtsamkeitsmeditation konzentriert sich der Einzelne auf seinen Atem und beobachtet seine Gedanken und Gefühle ohne Urteil. Diese Praxis hilft dabei, das Aufkommen von Emotionen zu erkennen und deren vorübergehende Natur zu verstehen. Beispielsweise könnte eine autistische Person Achtsamkeitsmeditation nutzen, um die körperlichen Empfindungen wahrzunehmen, die mit Angstzuständen einhergehen, etwa ein Engegefühl in der Brust oder ein schneller Herzschlag, und diese Empfindungen beobachten, ohne sofort darauf zu reagieren.

Achtsamkeit kann auch durch alltägliche Aktivitäten geübt werden. Beim achtsamen Essen geht es beispielsweise darum, genau auf den Geschmack, die Textur und das Aroma der Lebensmittel zu achten. Diese Praxis kann sich auf das Erkennen emotionaler Reaktionen erstrecken, die durch bestimmte Lebensmittel oder Essumgebungen ausgelöst werden. Ebenso kann achtsames Gehen, bei dem sich der Einzelne auf die Empfindungen jedes Schritts konzentriert, dazu beitragen, sich im gegenwärtigen Moment zu verankern und emotionale Überforderung zu reduzieren.

Besonders hilfreich kann es sein, Achtsamkeit in den Alltag zu integrieren. Wenn Sie sich jeden Tag ein paar Minuten Zeit für Achtsamkeitsübungen nehmen, können Sie sich eine Gewohnheit der Selbstwahrnehmung aneignen. Dies kann so einfach sein, wie ein paar tiefe Atemzüge zu machen, bevor man mit einer neuen Aufgabe beginnt, oder eine Pause einzulegen, um den eigenen emotionalen Zustand anzuerkennen, bevor man auf eine stressige Situation reagiert. Mit der Zeit können diese Praktiken zu einem tieferen Verständnis der eigenen emotionalen Landschaft und einer effektiveren emotionalen Regulierung führen.

Verbesserung der emotionalen Intelligenz

<u>Emotionen verstehen und bewältigen</u>
Um die emotionale Intelligenz zu verbessern, ist es zunächst entscheidend, die eigenen Emotionen zu verstehen und effektiv zu verwalten. Dieser Prozess

beginnt mit dem Erkennen entstehender Emotionen, dem Verstehen ihrer Grundursachen und dem Erlernen von Strategien, um konstruktiv mit ihnen umzugehen.

Eine Möglichkeit, dies zu erreichen, sind kognitive Verhaltenstechniken. Die kognitive Verhaltenstherapie (CBT) kann besonders für autistische Erwachsene von Nutzen sein, da sie ihnen dabei hilft, negative Gedankenmuster zu erkennen, die intensive Emotionen auslösen. Beispielsweise könnte sich eine Person häufig durch soziale Interaktionen überfordert fühlen. Durch CBT können sie lernen, die negativen Gedanken, die zu ihrer Angst beitragen, wie „Jeder beurteilt mich" oder „Ich werde mich lächerlich machen", in Frage zu stellen und sie durch ausgewogenere Gedanken wie „Die Menschen konzentrieren sich auf ihre Ängste" zu ersetzen eigene Gespräche" oder „Es ist in Ordnung, kleine Fehler zu machen."

Darüber hinaus kann das Einüben von Selbstregulierungsstrategien von unschätzbarem Wert sein. Zu diesen Strategien gehören Atemübungen, progressive Muskelentspannung und Visualisierungstechniken. Wenn beispielsweise ein autistischer Erwachsener das Gefühl hat, frustriert zu sein, kann es hilfreich sein, sich ein paar Minuten Zeit zu nehmen, um tiefes Atmen zu üben, um sein Nervensystem zu beruhigen und die Intensität seiner emotionalen Reaktion zu verringern. Visualisierung, bei der sich der Einzelne eine friedliche Szene vorstellt, kann auch als mentale Flucht vor Stressfaktoren dienen und eine vorübergehende Ruhepause bieten, die rationaleres Denken ermöglicht.

Ein weiterer entscheidender Aspekt beim Umgang mit Emotionen ist die Entwicklung einer Routine, die regelmäßige Selbstfürsorgepraktiken beinhaltet. Dazu kann gehören, dass man sich jeden Tag Zeit für Aktivitäten nimmt, die das emotionale Wohlbefinden fördern, wie zum Beispiel Sport, Hobbys oder Zeit in der Natur verbringen. Beispielsweise könnte ein autistischer Erwachsener feststellen, dass er sich zu Beginn des Tages mit einem Spaziergang im Park geerdeter fühlt und besser auf die Herausforderungen des Tages vorbereitet ist. Diese Routinen können ein Gefühl von Stabilität und Vorhersehbarkeit vermitteln, was für Menschen mit Autismus besonders beruhigend sein kann.

Es ist auch wichtig, die physiologischen Aspekte von Emotionen zu verstehen. Emotionen sind nicht nur mentale Zustände; Sie haben physische Manifestationen im Körper. Durch eine stärkere Gewöhnung an diese körperlichen Anzeichen wie erhöhte Herzfrequenz oder Muskelspannung können autistische Erwachsene emotionale Reaktionen frühzeitig erkennen und Bewältigungsstrategien anwenden, bevor die Emotionen eskalieren.

<u>Empathie und soziales Bewusstsein entwickeln</u>
Emotionale Intelligenz geht über Selbstwahrnehmung und Selbstmanagement hinaus und umfasst Empathie und soziales Bewusstsein. Empathie, die Fähigkeit, die Gefühle anderer zu verstehen und zu teilen, ist eine Schlüsselkomponente der emotionalen Intelligenz. Für autistische Erwachsene kann die Entwicklung von Empathie die sozialen Interaktionen und Beziehungen erheblich verbessern.

Eine Möglichkeit, Empathie zu entwickeln, sind Übungen zur Perspektivenübernahme. Bei diesen Übungen geht es darum, sich in die Situation einer anderen Person vorzustellen, um deren Gefühle und Reaktionen besser zu verstehen. Wenn beispielsweise ein autistischer Erwachsener Schwierigkeiten hat zu verstehen, warum ein Freund verärgert ist, könnte er sich einen Moment Zeit nehmen, um sich vorzustellen, wie er sich fühlen würde, wenn er in der gleichen Situation wäre. Diese Praxis kann dazu beitragen, die Lücke im Verständnis zu schließen und eine tiefere Verbindung zu fördern.

Auch Rollenspiele können ein wirksames Instrument zur Entwicklung von Empathie sein. Durch das Durchspielen verschiedener sozialer Szenarien können autistische Erwachsene üben, unterstützend und verständnisvoll auf die Gefühle anderer zu reagieren. Dies könnte das Rollenspiel einer Situation sein, in der ein Freund Trost braucht oder ein Kollege wegen eines Projekts gestresst ist. Durch diese Übungen können Einzelpersonen Einblicke in die emotionalen Erfahrungen anderer gewinnen und angemessene Reaktionen lernen.

Um soziales Bewusstsein zu entwickeln, muss man sich auf die sozialen Signale und Dynamiken in verschiedenen Umgebungen einstellen. Dazu gehört das Verstehen der Körpersprache, des Tonfalls und der Mimik. Für viele autistische Erwachsene kann es schwierig sein, diese nonverbalen Hinweise zu interpretieren. Mit Übung und Anleitung können sie jedoch ihre Fähigkeit verbessern, diese Hinweise zu lesen und darauf zu reagieren.

Trainingsprogramme für soziale Kompetenzen können strukturierte Möglichkeiten zum Üben dieser Fähigkeiten bieten. Diese Programme umfassen häufig Aktivitäten und Übungen zur Verbesserung der Kommunikation, des Einfühlungsvermögens und des sozialen Verständnisses. Bei einem Training sozialer Kompetenzen kann es beispielsweise darum gehen, zu üben, wie man ein Gespräch beginnt, erkennt, wenn sich jemand unwohl fühlt, oder einem Freund in Not Unterstützung anbietet.
Ein weiterer Aspekt des sozialen Bewusstseins ist das Verständnis des breiteren sozialen Kontexts und der Normen. Dazu gehört das Erkennen der unausgesprochenen Regeln, die soziale Interaktionen in verschiedenen Umgebungen regeln, beispielsweise am Arbeitsplatz, bei gesellschaftlichen Zusammenkünften oder Familienveranstaltungen. Durch ein stärkeres Bewusstsein für diese Normen können autistische Erwachsene soziale Situationen effektiver und selbstbewusster meistern.

Die Verbesserung der emotionalen Intelligenz erfordert einen vielschichtigen Ansatz, der das Verstehen und Bewältigen der eigenen Emotionen, die Entwicklung von Empathie und die Verbesserung des sozialen Bewusstseins umfasst. Bei autistischen Erwachsenen können diese Fähigkeiten zu erheblichen Verbesserungen der psychischen Gesundheit, der Beziehungen und der allgemeinen Lebensqualität führen. Durch kognitive Verhaltenstechniken, Selbstregulierungsstrategien, Perspektivenübernahmeübungen und das Training sozialer Fähigkeiten können Einzelpersonen eine stärkere Grundlage emotionaler Intelligenz aufbauen.

KAPITEL 4

Praktische Strategien zur emotionalen Regulierung

Emotionsregulation ist eine wesentliche Fähigkeit für jeden, aber sie ist besonders wichtig für Erwachsene mit Autismus, die oft mit einzigartigen emotionalen Herausforderungen konfrontiert sind. Praktische Strategien zur emotionalen Regulierung können Einzelpersonen in die Lage versetzen, ihre Gefühle effektiver zu steuern und eine bessere psychische Gesundheit aufrechtzuerhalten. Zwei Hauptmethoden umfassen kognitive Verhaltenstechniken und die Entwicklung gesunder Bewältigungsmechanismen.

Kognitive Verhaltenstechniken

Die kognitive Verhaltenstherapie (CBT) ist ein weithin anerkannter Ansatz zur Bewältigung emotionaler Reaktionen durch die Änderung negativer Gedankenmuster und Verhaltensweisen. Für autistische Erwachsene kann CBT auf spezifische Herausforderungen zugeschnitten werden und ihnen dabei helfen, negative Gedanken neu zu formulieren und gesündere Wege zu entwickeln, mit Emotionen umzugehen.

Das Auffrischen negativer Gedanken ist ein Eckpfeiler der kognitiven Verhaltenstherapie. Bei Menschen mit Autismus kann es häufig zu einem Muster automatischer negativer Gedanken kommen, das Gefühle von Angst, Depression oder Frustration verstärken kann. Beispielsweise könnte ein autistischer Erwachsener häufig denken: „Ich bringe soziale Situationen immer durcheinander" oder „Niemand versteht mich." Diese Gedanken können sich tief verwurzeln und zu einem Kreislauf negativer Emotionen und Verhaltensweisen führen.

Um diese Gedanken neu zu formulieren, ist es wichtig, sie zunächst zu identifizieren. Dies kann durch das Führen eines Gedankentagebuchs erreicht werden, in dem die Person ihre negativen Gedanken aufschreibt, sobald sie auftreten. Mit der Zeit bilden sich Muster heraus, die das Erkennen dieser automatischen Gedanken erleichtern. Sobald sie identifiziert sind, besteht der nächste Schritt darin, sie herauszufordern und neu zu definieren.

Um einen negativen Gedanken in Frage zu stellen, müssen die Beweise dafür und dagegen untersucht werden. Wenn der Gedanke beispielsweise lautet: „Ich bringe soziale Situationen immer durcheinander", kann die Person Gelegenheiten aufzählen, bei denen soziale Interaktionen gut gelaufen sind, egal wie klein sie waren. Dieser Prozess trägt dazu bei, eine ausgewogenere Perspektive zu schaffen. Beim Reframing geht es darum, den negativen Gedanken durch einen realistischeren und positiveren zu ersetzen, wie zum Beispiel „Manchmal sind soziale Interaktionen eine Herausforderung, aber ich habe auch erfolgreiche Gespräche geführt."

Eine weitere wirksame kognitive Verhaltenstechnik ist der Einsatz des Gedankenstopps. Wenn eine Person einen negativen Gedanken bemerkt, kann sie im Geiste „Stopp" sagen und ihn durch einen positiven oder neutralen Gedanken ersetzen. Wenn zum Beispiel der Gedanke „Ich komme damit nicht klar" aufkommt, können sie ihn durch „Ich kann die Dinge Schritt für Schritt angehen" ersetzen. Diese Technik hilft, den Kreislauf der Negativität zu durchbrechen und ermöglicht einen Moment der Ruhe.

Entwicklung gesunder Bewältigungsmechanismen
Neben kognitiven Verhaltenstechniken ist die Entwicklung gesunder Bewältigungsmechanismen für die emotionale Regulierung von entscheidender Bedeutung. Bewältigungsmechanismen sind Strategien, die Einzelpersonen nutzen, um mit Stress und emotionalem Stress umzugehen. Für autistische Erwachsene kann die Suche nach wirksamen und gesunden Wegen zur Bewältigung ihres emotionalen Wohlbefindens das emotionale Wohlbefinden deutlich verbessern.

Ein grundlegender Bewältigungsmechanismus ist die Etablierung eines einheitlichen Tagesablaufs. Routinen vermitteln ein Gefühl der Vorhersehbarkeit und Stabilität, was für Menschen mit Autismus besonders beruhigend sein kann. Beispielsweise kann eine festgelegte Morgenroutine, die Aktivitäten wie Frühstück, einen kurzen Spaziergang und ein paar Minuten Achtsamkeit umfasst, dazu beitragen, den Tag positiv zu beginnen.

Auch Achtsamkeits- und Entspannungstechniken sind für die emotionale Regulierung von unschätzbarem Wert. Achtsamkeit bedeutet, auf den gegenwärtigen Moment zu achten, ohne zu urteilen.

Dies kann durch achtsames Atmen, Meditation oder einfach durch Konzentration auf die Empfindungen einer bestimmten Aktivität wie Essen oder Gehen geübt werden. Achtsamkeit hilft dem Einzelnen, sich seiner Emotionen bewusster zu werden und verringert die Tendenz zu impulsiven Reaktionen.

Entspannungstechniken wie progressive Muskelentspannung und tiefe Atmung können helfen, das Nervensystem zu beruhigen und Stress abzubauen. Bei der progressiven Muskelentspannung werden alle Muskelgruppen im Körper angespannt und dann langsam entspannt, angefangen bei den Zehen bis hin zum Kopf. Atemübungen, bei denen man tief durch die Nase ein- und langsam durch den Mund ausatmet, können ebenfalls dazu beitragen, Ängste abzubauen und ein Gefühl der Ruhe zu erzeugen.

Die Ausübung körperlicher Aktivitäten ist ein weiterer wirksamer Bewältigungsmechanismus. Sport reduziert nachweislich Stress und verbessert die Stimmung. Für autistische Erwachsene kann die Suche nach einer körperlichen Aktivität, die ihnen Spaß macht, sei es Spazierengehen, Schwimmen, Yoga oder Tanzen, ein gesunder Ausdruck ihrer

Emotionen sein. Regelmäßige körperliche Aktivität fördert nicht nur die körperliche Gesundheit, sondern trägt auch zum emotionalen Wohlbefinden bei, indem sie Endorphine freisetzt und Erfolgserlebnisse vermittelt.

Kreative Möglichkeiten wie Zeichnen, Malen, Schreiben oder das Spielen eines Musikinstruments können ebenfalls als wirksame Bewältigungsmechanismen dienen. Diese Aktivitäten bieten eine Möglichkeit, Emotionen nonverbal auszudrücken und können unglaublich therapeutisch sein. Beispielsweise könnte ein autistischer Erwachsener, der sich von sozialen Interaktionen überfordert fühlt, beim Malen Erleichterung finden und seine Gefühle in seine Kunst einfließen lassen.

Soziale Unterstützung ist ein weiterer wichtiger Bestandteil einer gesunden Bewältigung. Der Aufbau eines Netzwerks aus unterstützenden Freunden, Familienmitgliedern oder Selbsthilfegruppen kann eine wertvolle Quelle für Trost und Rat sein. In schwierigen Zeiten jemanden zu haben, mit dem man reden kann, kann einen erheblichen Unterschied im Umgang mit Emotionen machen. Selbsthilfegruppen, entweder persönlich oder online, können ebenfalls ein Gefühl der Gemeinschaft und des Verständnisses vermitteln und das Gefühl der Isolation verringern.

Durch die Neuformulierung negativer Gedanken, das Hinterfragen automatischer Annahmen und die Entwicklung eines Werkzeugkastens an Bewältigungsstrategien können Einzelpersonen ihre emotionale Landschaft leichter und selbstbewusster bewältigen. Routinen zu etablieren, Achtsamkeit zu üben, sich körperlich zu betätigen und soziale Unterstützung zu suchen, sind integrale Bestandteile dieser Reise. Diese Strategien helfen nicht nur bei der Bewältigung unmittelbarer emotionaler Herausforderungen, sondern tragen auch zu langfristiger emotionaler Belastbarkeit und Wohlbefinden bei.

Sensorische Interventionen

<u>Eine sensorische Umgebung schaffen</u>
Bei autistischen Erwachsenen können sensorische Empfindlichkeiten die emotionale Regulierung erheblich beeinflussen. Viele Menschen im Autismus-Spektrum reagieren verstärkt oder

abgeschwächt auf Sinnesreize, was zu einer Reizüberflutung oder Unterstimulation führen kann. Die Schaffung einer sensorischen Umgebung ist ein entscheidender Schritt zur Bewältigung dieser Herausforderungen und zur Förderung des emotionalen Wohlbefindens.

Eine sensorische Umgebung ist auf die individuellen sensorischen Bedürfnisse und Vorlieben einer Person zugeschnitten. Dieser Prozess beginnt oft mit der Identifizierung der spezifischen sensorischen Auslöser, die Unbehagen oder Stress verursachen. Häufige Auslöser sind helles Licht, laute Geräusche, bestimmte Texturen und starke Gerüche. Sobald diese Auslöser identifiziert sind, können Maßnahmen zur Änderung der Umgebung ergriffen werden, um ihre Auswirkungen zu minimieren.

Die Beleuchtung ist ein entscheidender Faktor bei der Schaffung eines sinnesfreundlichen Raums. Für manche autistische Erwachsene können Leuchtstofflampen oder helles, direktes Licht überwältigend sein. In solchen Fällen kann die Verwendung von weicherem, natürlichem Licht oder die Installation dimmbarer Leuchten dazu beitragen, eine angenehmere Atmosphäre zu schaffen. Darüber hinaus kann der Einbau von Lampen mit einstellbarer Helligkeit oder die Verwendung von lichtfilternden Abdeckungen an vorhandenen Leuchten eine bessere Kontrolle über die Lichtverhältnisse ermöglichen.

Lärmreduzierung ist ein weiterer wesentlicher Aspekt einer sensorischen Umgebung. Autistische Menschen haben oft eine erhöhte Empfindlichkeit gegenüber Geräuschen, weshalb es wichtig ist, Hintergrundgeräusche und plötzliche laute Geräusche zu minimieren. Dies lässt sich erreichen, indem man geräuschunterdrückende Kopfhörer oder Ohrstöpsel verwendet, schalldämmende Materialien in Wänden und Decken einbaut und Ruhezonen schafft, in die man sich bei Bedarf zurückziehen kann. Für diejenigen, die bestimmte Geräusche als beruhigend empfinden, kann auch der Einsatz von Geräten mit weißem Rauschen oder das Spielen sanfter, beruhigender Musik von Vorteil sein.

Texturen und taktile Erlebnisse spielen eine wichtige Rolle für den sensorischen Komfort. Einige autistische Erwachsene haben möglicherweise eine Abneigung gegen bestimmte Texturen in ihrer Kleidung, ihren Möbeln oder anderen Umgebungen.

Die Wahl weicher, nicht reizender Stoffe für Kleidung und Einrichtung kann einen erheblichen Unterschied machen. Darüber hinaus kann der Zugriff auf eine Vielzahl von Texturen, die eine Person als beruhigend empfindet, wie z. B. weiche Decken oder strukturierte Kissen, dazu beitragen, eine angenehmere Umgebung zu schaffen.

Der Geruchssinn ist ein weiterer Sinn, der die emotionale Regulierung beeinflussen kann. Starke oder unangenehme Gerüche können für Menschen mit erhöhter Geruchsempfindlichkeit besonders belastend sein. Die Verwendung von nicht parfümierten oder leicht parfümierten Produkten, die Gewährleistung einer guten Belüftung und die Einbeziehung angenehmer Düfte, die die betroffene Person als beruhigend empfindet, wie etwa Lavendel oder Vanille, können dabei helfen, diesen Aspekt der Sinnesumgebung in den Griff zu bekommen.

Schließlich kann die Schaffung spezieller Sinnesräume im Zuhause oder am Arbeitsplatz einen Zufluchtsort vor Reizüberflutung bieten. Diese Räume sollten mit Gegenständen ausgestattet sein, die helfen, den sensorischen Input zu regulieren, wie z. B. Gewichtsdecken, Zappelspielzeug oder sensorische Behälter, die mit Materialien wie Reis oder Sand gefüllt sind. Diese Tools können eine sichere und kontrollierte Umgebung bieten, in der man sich zurückziehen und sein emotionales Gleichgewicht wiedererlangen kann.

<u>Verwendung sensorischer Werkzeuge zum Umgang mit Emotionen</u>

Sensorische Hilfsmittel sind praktische Hilfsmittel, die autistischen Erwachsenen dabei helfen können, ihre Emotionen zu bewältigen, indem sie sensorische Eingaben regulieren. Diese Tools können proaktiv eingesetzt werden, um einer Reizüberflutung vorzubeugen, oder reaktiv, um sich in Stressphasen zu beruhigen. Die Integration sensorischer Werkzeuge in den Alltag kann die emotionale Regulierung und das allgemeine Wohlbefinden verbessern.

Gewichtsdecken und -westen sind häufig verwendete sensorische Hilfsmittel, die eine tiefe Druckstimulation bewirken. Diese Art von sensorischem Input kann eine beruhigende Wirkung auf das Nervensystem haben, Angstzustände reduzieren und die Entspannung fördern. Gewichtsdecken können während der Schlaf- oder

Ruhephasen verwendet werden, während Gewichtswesten tagsüber getragen werden können, um eine kontinuierliche Beruhigungswirkung zu erzielen.

Zappelspielzeuge und taktile Werkzeuge bieten eine Möglichkeit, den Tastsinn zu aktivieren und einen physischen Ausweg für nervöse Energie zu bieten. Diese Werkzeuge können von einfachen Gegenständen wie Stressbällen und Fidget Spinnern bis hin zu komplexeren sensorischen Gegenständen wie strukturierten Würfeln und Knete reichen. Die Verwendung dieser Tools kann dazu beitragen, den Fokus neu zu fokussieren und ein Gefühl der Bodenständigkeit zu vermitteln, wodurch es einfacher wird, mit Emotionen in Stresssituationen umzugehen.

Kaubarer Schmuck und orale motorische Hilfsmittel können für Personen von Vorteil sein, die orale sensorische Eingaben suchen. Diese Hilfsmittel sind so konzipiert, dass sie sicher gekaut werden können, und können dazu beitragen, Angstzustände zu reduzieren und die Konzentration zu verbessern. Kaubare Halsketten, Armbänder und handgehaltene Kauwerkzeuge gibt es in verschiedenen Texturen und Widerständen, um unterschiedlichen sensorischen Vorlieben gerecht zu werden.

Sensorische Schaukeln und Schaukelstühle bieten einen vestibulären Input, der für manche autistische Erwachsene besonders beruhigend sein kann. Die sanfte, rhythmische Bewegung des Schaukelns oder Schaukelns kann zur Regulierung des Vestibularsystems beitragen und eine beruhigende Wirkung auf Körper und Geist haben. Die Integration dieser Gegenstände in einen Sinnesraum bietet eine zugängliche Möglichkeit, sensorische und emotionale Bedürfnisse zu verwalten.

Aromatherapie und ätherische Öle können auch als sensorische Hilfsmittel zur Beeinflussung der Stimmung und des emotionalen Zustands eingesetzt werden. Bestimmte Düfte wie Lavendel, Kamille und Pfefferminze reduzieren nachweislich Angstzustände und fördern die Entspannung. Ätherische Öle können in der Luft verteilt, einem warmen Bad zugesetzt oder mit einem Trägeröl auf die Haut aufgetragen werden. Allerdings ist es wichtig, bei der Anwendung der Aromatherapie die individuellen Empfindlichkeiten und Vorlieben zu berücksichtigen.

Schließlich handelt es sich bei sensorischen Diäten um strukturierte Pläne, die den ganzen Tag über spezifische sensorische Aktivitäten und Hilfsmittel beinhalten, um dabei zu helfen, sensorische Eingaben zu regulieren und das emotionale Gleichgewicht aufrechtzuerhalten. Diese Diäten sind auf die sensorischen Bedürfnisse einer Person zugeschnitten und können eine Vielzahl von Aktivitäten umfassen, wie z. B. Tiefendruckmassagen, sensorische Pausen und die Verwendung spezifischer sensorischer Hilfsmittel zu bestimmten Zeiten. Die Zusammenarbeit mit einem Ergotherapeuten kann dabei helfen, eine wirksame sensorische Ernährung zu entwickeln, die die emotionale Regulierung unterstützt.

Zusammenfassend lässt sich sagen, dass sensorische Interventionen für die Bewältigung der einzigartigen emotionalen Herausforderungen, mit denen autistische Erwachsene konfrontiert sind, von entscheidender Bedeutung sind. Durch die Schaffung einer sinnesfreundlichen Umgebung und die Integration sensorischer Hilfsmittel in den Alltag können die emotionale Regulierung und die allgemeine Lebensqualität deutlich verbessert werden. Durch das Verstehen und Ansprechen sensorischer Bedürfnisse können autistische Menschen ihre Emotionen besser steuern, was zu größerer emotionaler Stabilität und Wohlbefinden führt.

KAPITEL 5

Achtsamkeits- und Entspannungstechniken

Einführung in die Achtsamkeit

Achtsamkeit ist die Praxis, ein vorurteilsfreies Bewusstsein für den gegenwärtigen Moment aufrechtzuerhalten, das Gedanken, Gefühle, Körperempfindungen und die Umgebung umfasst. Für Erwachsene mit Autismus kann Achtsamkeit ein besonders wirksames Instrument zur Bewältigung von Stress, Angstzuständen und emotionaler Dysregulation sein. Durch die Förderung eines Gefühls der Ruhe und Klarheit können Achtsamkeitsübungen das allgemeine Wohlbefinden deutlich steigern.

Die Vorteile von Achtsamkeit für die emotionale Regulierung sind vielfältig. Das Praktizieren von Achtsamkeit hilft dem Einzelnen, sich seiner emotionalen Zustände bewusster zu werden, was es ihm ermöglicht, frühe Anzeichen von Stress zu erkennen und proaktive Maßnahmen zur

Bewältigung dieser Emotionen zu ergreifen. Dieses gesteigerte Bewusstsein kann zu einer besseren emotionalen Kontrolle, einem geringeren Stressniveau und einer allgemeinen Verbesserung der psychischen Gesundheit führen. Darüber hinaus kann Achtsamkeit die Konzentration steigern, das Selbstmitgefühl steigern und eine positivere Lebenseinstellung fördern.

Einer der Hauptvorteile der Achtsamkeit ist ihre Fähigkeit, den Einzelnen im gegenwärtigen Moment zu erden. Emotionale Herausforderungen entstehen oft aus Sorgen über die Zukunft oder Bedauern über die Vergangenheit. Achtsamkeit lehrt den Einzelnen, sich auf das Hier und Jetzt zu konzentrieren, was diese Sorgen lindern und Ängste reduzieren kann. Indem man lernt, Gedanken und Gefühle zu beobachten, ohne sich von ihnen überwältigen zu lassen, kann man eine gesündere Beziehung zu seinen Emotionen entwickeln.

Um Achtsamkeit in den Alltag zu integrieren, können einfache Übungen sehr effektiv sein. Eine der grundlegendsten und zugänglichsten Achtsamkeitsübungen ist das achtsame Atmen. Bei dieser Übung müssen Sie auf den Atem achten, der in den Körper ein- und ausströmt und als Anker für den gegenwärtigen Moment dient.

Eine einfache achtsame Atemübung beginnt mit der Suche nach einem bequemen und ruhigen Platz zum Sitzen oder Liegen. Schließen Sie die Augen und atmen Sie ein paar Mal tief durch, damit sich Ihr Körper entspannen kann. Atmen Sie dann auf natürliche Weise und richten Sie Ihre Aufmerksamkeit auf das Gefühl, wie der Atem durch Ihre Nasenlöcher eindringt und austritt. Beachten Sie das Heben und Senken Ihrer Brust oder Ihres Bauches bei jedem Atemzug. Wenn Ihre Gedanken abschweifen, konzentrieren Sie sich wieder sanft auf Ihren Atem, ohne zu urteilen. Das tägliche Praktizieren dieser Übung für nur ein paar Minuten kann einen tiefgreifenden Einfluss auf die emotionale Regulierung haben.

Eine weitere wirksame Achtsamkeitsübung ist der Bodyscan. Bei dieser Praxis müssen Sie auf verschiedene Körperteile achten, von den Zehen bis zum Kopf, und alle Empfindungen, Spannungen oder Beschwerden wahrnehmen. Um einen Körperscan durchzuführen, nehmen Sie eine bequeme Position ein und schließen Sie die Augen.

Beginnen Sie damit, Ihre Aufmerksamkeit auf Ihre Zehen zu richten und alle Empfindungen wahrzunehmen, ohne zu versuchen, sie zu verändern. Bewegen Sie Ihre Aufmerksamkeit langsam nach oben durch Ihre Füße, Beine, Rumpf, Arme und Kopf und verbringen Sie einige Momente mit jedem Bereich. Der Körperscan trägt dazu bei, das Bewusstsein für körperliche Empfindungen zu schärfen und kann Entspannung und ein Gefühl der Verbundenheit mit dem Körper fördern.

Zusätzlich zur achtsamen Atmung und dem Körperscan können weitere Achtsamkeitsübungen in den Alltag integriert werden, um die emotionale Regulierung zu verbessern. Achtsames Gehen bedeutet zum Beispiel, dass Sie genau auf die Erfahrung des Gehens achten, einschließlich des Gefühls, wie Ihre Füße den Boden berühren, der Bewegung Ihrer Beine und des Rhythmus Ihres Atems. Achtsames Gehen kann überall durchgeführt werden, sei es in einem Park, in Ihrer Nachbarschaft oder sogar drinnen. Der Schlüssel liegt darin, bei jedem Schritt präsent und bewusst zu bleiben und das Gehen als eine Möglichkeit zu nutzen, sich im gegenwärtigen Moment zu verankern.

Achtsames Essen ist eine weitere wohltuende Übung, bei der man sich voll und ganz auf das Esserlebnis konzentrieren muss, vom Geschmack und der Beschaffenheit des Essens bis hin zum Kauen und Schlucken. Wählen Sie zunächst ein kleines Stück Lebensmittel aus, beispielsweise eine Rosine oder ein Stück Obst. Nehmen Sie sich einen Moment Zeit, um sein Aussehen, seine Textur und seinen Geruch zu beobachten. Wenn Sie das Essen in den Mund nehmen, achten Sie auf die dabei entstehenden Empfindungen und Aromen. Kauen Sie langsam und bewusst und genießen Sie jeden Bissen. Achtsames Essen kann dazu beitragen, eine tiefere Wertschätzung für Lebensmittel zu entwickeln und eine beruhigende, erdende Übung sein.

Achtsames Journaling ist eine weitere Praxis, die bei der emotionalen Regulierung helfen kann. Dabei geht es darum, Ihre Gedanken und Gefühle ohne Wertung aufzuschreiben und sie einfach so zu beobachten, wie sie sind. Nehmen Sie sich jeden Tag ein paar Minuten Zeit, um über Ihre Erfahrungen, Gefühle und Herausforderungen zu schreiben. Der Akt des Schreibens kann helfen, Emotionen zu verarbeiten und Einblicke in Denk-

und Verhaltensmuster zu gewinnen. Es kann auch als Aufzeichnung Ihrer Achtsamkeitsreise dienen und es Ihnen ermöglichen, über Ihre Fortschritte im Laufe der Zeit nachzudenken.

Auch die Integration von Achtsamkeit in die täglichen Aktivitäten kann von Vorteil sein. Dies kann erreicht werden, indem man sich auf Routineaufgaben wie Geschirrspülen, Zähneputzen oder Duschen aufmerksam macht. Konzentrieren Sie sich auf die mit jeder Aufgabe verbundenen Sinneserfahrungen – das Gefühl des Wassers, das Geräusch der Bürste, den Geruch der Seife. Indem Sie sich voll und ganz mit achtsamer Aufmerksamkeit auf diese Aktivitäten einlassen, können Sie gewöhnliche Momente in Gelegenheiten zur Entspannung und emotionalen Regulierung verwandeln.

Entspannungsmethoden

Neben Achtsamkeitstechniken sind Entspannungsmethoden entscheidend für die Stressbewältigung und die Förderung des emotionalen Wohlbefindens. Atemübungen sind ein einfaches, aber wirkungsvolles Mittel, um sofort

Ruhe zu finden. Eine wirksame Technik ist die 4-7-8-Atemübung. Um dies zu üben, suchen Sie sich eine bequeme Position und schließen Sie die Augen. Atmen Sie tief durch die Nase ein, zählen Sie bis vier, halten Sie den Atem an, zählen Sie bis sieben, und atmen Sie dann langsam durch den Mund aus, bis Sie acht zählen. Wiederholen Sie diesen Zyklus mehrmals. Diese Übung hilft, die Entspannungsreaktion des Körpers zu aktivieren, Stress abzubauen und ein Gefühl der Ruhe zu fördern.

Progressive Muskelentspannung (PMR) ist eine weitere wirksame Entspannungsmethode. Bei der PMR werden verschiedene Muskelgruppen im Körper angespannt und dann langsam entspannt. Um PMR zu üben, suchen Sie sich einen ruhigen Platz zum Sitzen oder Liegen. Beginnen Sie mit Ihren Zehen, spannen Sie die Muskeln einige Sekunden lang an und lösen Sie dann die Spannung, während Sie sich auf das Gefühl der Entspannung konzentrieren. Arbeiten Sie sich schrittweise nach oben durch Ihre Beine, Ihren Bauch, Ihre Brust, Ihre Arme und Ihr Gesicht. Diese Methode kann dazu beitragen, körperliche Spannungen abzubauen und ein Gefühl der allgemeinen Entspannung zu fördern.

Geführte Bilder sind eine Entspannungstechnik, bei der beruhigende und friedliche Szenen visualisiert werden. Um geführte Bilder zu üben, finden Sie eine bequeme Position und schließen Sie die Augen. Stellen Sie sich eine ruhige Umgebung vor, zum Beispiel einen Strand, einen Wald oder eine Wiese. Nutzen Sie alle Sinne, um sich ein lebendiges Bild zu machen – stellen Sie sich die Geräusche, Gerüche und Texturen Ihrer Umgebung vor. Erlauben Sie sich, ganz in diese friedliche Szene einzutauchen und Stress und Anspannung loszulassen. Geführte Bilder können dabei helfen, die Aufmerksamkeit von stressigen Gedanken abzulenken und die Entspannung zu fördern.

Zusammenfassend lässt sich sagen, dass Achtsamkeits- und Entspannungstechniken wertvolle Werkzeuge für Erwachsene mit Autismus bieten, um die emotionale Regulierung zu verbessern. Durch das Üben von Achtsamkeit können Menschen ein größeres Selbstbewusstsein entwickeln, Stress effektiver bewältigen und ein Gefühl der Ruhe und des Wohlbefindens entwickeln. Einfache Übungen wie achtsames Atmen, Körperscans, achtsames Gehen, Essen, Tagebuch führen und die Einbeziehung von Achtsamkeit in tägliche Aktivitäten können einen erheblichen Unterschied in der emotionalen Gesundheit bewirken. Darüber hinaus bieten Entspannungsmethoden wie Atemübungen, progressive Muskelentspannung und geführte Bilder wirksame Möglichkeiten, um sofort Ruhe zu finden und Stress abzubauen. Durch die Anwendung dieser Praktiken können Einzelpersonen emotionale Herausforderungen leichter und selbstbewusster meistern, was zu einem ausgeglicheneren und erfüllteren Leben führt.

KAPITEL 6

Aufbau eines Unterstützungssystems

Professionelle Hilfe finden

Für Erwachsene mit Autismus kann die Suche nach professioneller Hilfe ein entscheidender Schritt bei der Bewältigung der emotionalen Regulierung und der Verbesserung der allgemeinen psychischen Gesundheit sein. Auf Autismus spezialisierte Therapeuten und Berater können personalisierte Strategien und Erkenntnisse anbieten, die auf die individuellen Bedürfnisse zugeschnitten sind. Die Zusammenarbeit mit diesen Fachkräften kann dabei helfen, spezifische Herausforderungen anzugehen, wie z. B. die Bewältigung von Angstzuständen, die Verbesserung sozialer Fähigkeiten und die Entwicklung von Bewältigungsmechanismen bei Reizüberflutung.

Einer der Hauptvorteile der Zusammenarbeit mit einem Therapeuten oder Berater ist die strukturierte, konsistente Unterstützung, die er bietet. Therapeuten können verschiedene Ansätze anwenden, einschließlich der kognitiven Verhaltenstherapie (CBT), die sich nachweislich als wirksam erwiesen hat, um Menschen mit Autismus dabei zu helfen, negative Gedanken neu zu formulieren und gesündere Denkmuster zu entwickeln. Durch regelmäßige Sitzungen können Therapeuten Klienten dabei helfen, Auslöser für emotionale Dysregulation zu identifizieren, die zugrunde liegenden Ursachen ihrer Belastung zu verstehen und praktische Strategien zum Umgang mit ihren Emotionen zu entwickeln.

Berater können auch beim Training sozialer Kompetenzen behilflich sein, was besonders für diejenigen von Vorteil ist, die Schwierigkeiten mit sozialen Interaktionen haben. Diese Fachleute können Rollenspielübungen, soziale Geschichten und andere Hilfsmittel bereitstellen, um Kunden dabei zu helfen, soziale Situationen sicherer und effektiver zu meistern. Durch das Üben dieser Fähigkeiten in einer sicheren und unterstützenden Umgebung können Einzelpersonen das nötige Selbstvertrauen aufbauen, um sie in realen Szenarien anzuwenden.

Gruppentherapie und Selbsthilfegruppen bieten zusätzliche Vorteile, indem sie ein Gemeinschaftsgefühl und gemeinsames Verständnis vermitteln. Teil einer Gruppe zu sein, in der die Mitglieder vor ähnlichen Herausforderungen stehen, kann unglaublich bestätigend und beruhigend sein. Gruppentherapiesitzungen, die von ausgebildeten Moderatoren geleitet werden, konzentrieren sich auf die gemeinsame Problemlösung, den Erfahrungsaustausch und die Bereitstellung gegenseitiger Unterstützung. Die Teilnehmer können in einem strukturierten Rahmen von den Bewältigungsstrategien der anderen lernen, neue Perspektiven gewinnen und soziale Kontakte aufbauen.

Selbsthilfegruppen, ob persönlich oder online, bieten Einzelpersonen eine Plattform, um ihre Erfahrungen auszutauschen, Rat einzuholen und anderen Unterstützung anzubieten. Diese Gruppen können besonders wertvoll für diejenigen sein, die sich in ihrem täglichen Leben isoliert oder missverstanden fühlen. Das Zugehörigkeitsgefühl und die gegenseitige Unterstützung in diesen Gemeinschaften können das emotionale

Wohlbefinden und die Widerstandsfähigkeit erheblich steigern.

Erstellen eines persönlichen Support-Netzwerks

Neben professioneller Hilfe ist der Aufbau eines robusten persönlichen Unterstützungsnetzwerks für die emotionale Regulierung und das allgemeine Wohlbefinden von entscheidender Bedeutung. Familie und Freunde spielen in diesem Netzwerk eine entscheidende Rolle und bieten emotionale Unterstützung, praktische Hilfe und ein Zugehörigkeitsgefühl. Der Aufbau und die Pflege dieser Beziehungen erfordert jedoch eine effektive Kommunikation und gegenseitiges Verständnis.

Familienmitglieder, insbesondere Eltern, Geschwister und Partner, können unschätzbare Unterstützung leisten, indem sie die einzigartigen Herausforderungen verstehen, mit denen ihre autistischen Angehörigen konfrontiert sind. Eine offene und ehrliche Kommunikation über Bedürfnisse, Vorlieben und Grenzen ist entscheidend. Dabei kann es um die Erörterung sensorischer Empfindlichkeiten, sozialer Ängste und spezifischer Auslöser gehen, die zu einer emotionalen Dysregulation führen können. Durch die Aufklärung von Familienmitgliedern über diese Aspekte können Einzelpersonen ein Umfeld schaffen, das entgegenkommender und unterstützender ist.

Freunde spielen auch eine wichtige Rolle in einem persönlichen Unterstützungsnetzwerk. Freundschaften aufzubauen und zu pflegen kann eine Herausforderung sein, aber diese Beziehungen bieten Kameradschaft, gemeinsame Erfahrungen und emotionale Unterstützung. Freunde, die Autismus verstehen und akzeptieren, können einen sicheren Raum bieten, in dem sich der Einzelne wertgeschätzt und verstanden fühlt. Es ist wichtig, mit Freunden offen über Bedürfnisse und Grenzen zu sprechen und sicherzustellen, dass diese Beziehungen gegenseitig unterstützend und respektvoll sind.

Effektive Kommunikation ist der Schlüssel zum Aufbau und zur Pflege eines persönlichen Support-Netzwerks. Dabei geht es nicht nur darum, Bedürfnisse und Grenzen auszudrücken, sondern auch aktiv zuzuhören und die Perspektiven anderer zu verstehen. Eine klare und direkte Kommunikation kann dazu beitragen, Missverständnisse zu vermeiden und stärkere Beziehungen zu fördern. Tools wie soziale Geschichten oder Skripte können bei der Vorbereitung auf schwierige Gespräche oder soziale Interaktionen hilfreich sein.

Neben Familie und Freunden können auch andere Mitglieder der Gemeinschaft, wie Lehrer, Kollegen und Mentoren, Teil eines Unterstützungsnetzwerks sein. Diese Personen können in verschiedenen Lebensbereichen Anleitung, Ermutigung und praktische Unterstützung bieten. Der Aufbau eines vielfältigen Support-Netzwerks, das eine Reihe von Menschen umfasst, kann ein abgerundetes und umfassendes Support-System bieten.

Freiwilligenarbeit und die Teilnahme an Gemeinschaftsaktivitäten können ebenfalls zum Aufbau eines persönlichen Unterstützungsnetzwerks beitragen. Die Teilnahme an Aktivitäten, die mit persönlichen Interessen in Einklang stehen, kann zu sinnvollen Verbindungen mit Gleichgesinnten führen. Diese Aktivitäten bieten Möglichkeiten für soziale Interaktion, Kompetenzentwicklung und

Zielstrebigkeit, die alle zum emotionalen Wohlbefinden beitragen.

Der Aufbau eines Unterstützungssystems ist ein entscheidender Bestandteil der emotionalen Regulierung bei Erwachsenen mit Autismus. Professionelle Hilfe von Therapeuten und Beratern bietet strukturierte und personalisierte Unterstützung, während Gruppentherapie und Selbsthilfegruppen Gemeinschaft und gemeinsames Verständnis bieten. Der Aufbau eines persönlichen Unterstützungsnetzwerks, das Familie, Freunde und andere Gemeindemitglieder einschließt, steigert das emotionale Wohlbefinden und die Belastbarkeit.

Effektive Kommunikation ist für den Aufbau und die Pflege dieser Beziehungen unerlässlich. Durch die offene Diskussion von Bedürfnissen, Vorlieben und Grenzen können Einzelpersonen ein unterstützendes und verständnisvolles Umfeld schaffen. Die Teilnahme an gemeinschaftlichen Aktivitäten und ehrenamtlicher Arbeit bereichert das Unterstützungsnetzwerk zusätzlich und bietet Möglichkeiten für soziale Kontakte und persönliches Wachstum.

Letztendlich befähigt ein starkes Unterstützungssystem Menschen mit Autismus, emotionale Herausforderungen effektiver zu meistern, was zu einer verbesserten psychischen Gesundheit, mehr Selbstvertrauen und einem ausgeglicheneren und erfüllteren Leben führt.

KAPITEL 7

Resilienz und Selbstvertrauen entwickeln

Aufbau emotionaler Belastbarkeit

Die Entwicklung emotionaler Belastbarkeit ist ein entscheidender Aspekt bei der Bewältigung des Lebens als Erwachsener mit Autismus. Emotionale Belastbarkeit bezieht sich auf die Fähigkeit, sich von Rückschlägen zu erholen, sich an herausfordernde Umstände anzupassen und trotz Widrigkeiten eine positive Einstellung zu bewahren. Für Menschen mit Autismus gehört zum Aufbau dieser Widerstandsfähigkeit das Verständnis und die Bewältigung ihrer einzigartigen emotionalen Reaktionen sowie die Nutzung von Strategien zur effektiven Stressbewältigung.

Eine der Schlüsselstrategien zum Aufbau emotionaler Belastbarkeit ist das Erkennen und Verstehen persönlicher Auslöser. Dabei geht es darum, Situationen, Umgebungen oder Interaktionen zu identifizieren, die typischerweise zu Stress oder emotionaler Dysregulation führen. Für viele autistische Erwachsene können sensorische Empfindlichkeiten ein erheblicher Auslöser sein. Helles Licht, laute Geräusche oder überfüllte Räume können zu einer Reizüberflutung führen und zu erhöhter Angst oder Zusammenbrüchen führen. Durch das Verständnis dieser Auslöser können Einzelpersonen proaktive Maßnahmen ergreifen, um ihre Auswirkungen zu bewältigen oder abzumildern. Dazu kann die Verwendung sensorischer Hilfsmittel wie Kopfhörer oder Sonnenbrillen mit Geräuschunterdrückung oder die Schaffung eines sensorfreundlichen Raums gehören, in den sie sich zurückziehen können, wenn sie sich überfordert fühlen.

Ein weiterer wesentlicher Bestandteil des Aufbaus emotionaler Belastbarkeit ist die Entwicklung gesunder Bewältigungsmechanismen. Kognitive Verhaltenstechniken (CBT) können in dieser Hinsicht besonders effektiv sein. Bei der kognitiven Verhaltenstherapie geht es darum, negative Gedankenmuster zu erkennen und sie in positivere, konstruktivere Gedanken umzuwandeln. Anstatt beispielsweise zu denken: „Ich komme damit nicht klar", könnte eine Person lernen, zu denken: „Ich kann eine Pause machen und darauf zurückkommen, wenn ich mich ruhiger fühle." Dieser Denkwandel kann dazu beitragen, die Intensität emotionaler Reaktionen zu verringern und ein Gefühl der Kontrolle über Stresssituationen zu vermitteln.

Achtsamkeitsübungen spielen auch eine wichtige Rolle bei der Förderung der emotionalen Belastbarkeit. Achtsamkeit bedeutet, präsent zu bleiben und sich voll und ganz auf den aktuellen Moment einzulassen, ohne zu urteilen. Einfache Achtsamkeitsübungen wie tiefes Atmen oder Erdungstechniken können dabei helfen, in Stresssituationen ruhig und konzentriert zu bleiben. Regelmäßige Achtsamkeitsübungen können auch das allgemeine emotionale Bewusstsein steigern und es einfacher machen, Emotionen zu erkennen und zu bewältigen, bevor sie überwältigend werden.

Selbstmitgefühl ist ein weiteres entscheidendes Element beim Aufbau emotionaler Belastbarkeit. Viele autistische Erwachsene kämpfen mit Gefühlen der Unzulänglichkeit oder Selbstkritik, insbesondere wenn sie mit Rückschlägen oder Misserfolgen konfrontiert sind. Selbstmitgefühl zu üben bedeutet, sich selbst mit der gleichen Freundlichkeit und dem gleichen Verständnis zu begegnen, das man einem Freund in einer ähnlichen Situation entgegenbringen würde. Dazu gehört die Anerkennung, dass Rückschläge ein normaler Teil des Lebens sind und dass es in Ordnung ist, Schwierigkeiten zu erleben. Durch die Akzeptanz von Selbstmitgefühl können Einzelpersonen negative Selbstgespräche reduzieren und einen positiveren und unterstützenderen inneren Dialog aufbauen.

Zusätzlich zu diesen Strategien ist der Aufbau eines starken Unterstützungsnetzwerks für die emotionale Belastbarkeit von entscheidender Bedeutung. Vertrauenswürdige Freunde, Familienmitglieder oder Mentoren, an die man sich in schwierigen Zeiten wenden kann, können emotionale Unterstützung und praktische Ratschläge bieten. Diese Beziehungen bieten einen sicheren Raum, um Gefühle auszudrücken, Perspektiven zu gewinnen und Ermutigung zu erhalten. Auch die Teilnahme an Gemeinschaftsaktivitäten oder Selbsthilfegruppen kann ein Gefühl der Zugehörigkeit und des gemeinsamen Verständnisses vermitteln, was unglaublich bestätigend und aufbauend sein kann.

Die Bedeutung von Selbstmitgefühl und Selbstfürsorge

Selbstmitgefühl und Selbstfürsorge sind die Grundlage für den Aufbau emotionaler Belastbarkeit und Selbstvertrauen. Selbstmitgefühl bedeutet, freundlich zu sich selbst zu sein, insbesondere in Zeiten des Kampfes oder des Scheiterns. Es bedeutet zu erkennen, dass jeder Fehler macht und dass es in Ordnung ist, unvollkommen zu sein. Für viele autistische Erwachsene erfordert die Entwicklung von Selbstmitgefühl, lang gehegte Überzeugungen über ihren Wert und ihre Fähigkeiten in Frage zu stellen. Bei diesem Prozess geht es darum, kleine Erfolge anzuerkennen und zu feiern, Fortschritte anzuerkennen und sich vermeintliche Mängel zu verzeihen.

Selbstfürsorge hingegen beinhaltet das Ergreifen bewusster Maßnahmen zur Aufrechterhaltung des körperlichen, emotionalen und geistigen Wohlbefindens. Effektive Selbstpflegepraktiken variieren von Person zu Person, umfassen jedoch im Allgemeinen Aktivitäten, die Entspannung, Freude und allgemeine Gesundheit fördern. Regelmäßige Bewegung, eine ausgewogene Ernährung und ausreichend Schlaf sind grundlegende Aspekte der

Selbstfürsorge, die sich erheblich auf das emotionale Wohlbefinden auswirken können. Hobbys nachzugehen, Zeit in der Natur zu verbringen oder sich kreativ zu betätigen, kann ebenfalls ein Gefühl der Erfüllung und Entspannung vermitteln.

Für autistische Erwachsene ist die sensorische Selbstfürsorge besonders wichtig. Dazu könnte die Schaffung einer sensorischen Umgebung zu Hause gehören, in der Beleuchtung, Geräuschpegel und Texturen gesteuert werdhabenen, um Komfort zu bieten. Der Einsatz sensorischer Hilfsmittel wie Gewichtsdecken oder Zappelartikel kann bei der Stressbewältigung helfen und eine beruhigende Wirkung . Regelmäßige sensorische Pausen über den Tag verteilt können ebenfalls einer Reizüberflutung vorbeugen und Ängste reduzieren.

Das Setzen von Grenzen ist ein weiterer wichtiger Aspekt der Selbstfürsorge. Dabei geht es darum, persönliche Grenzen zu erkennen und zu respektieren und darauf zu achten, dass Zeit und Energie nicht überstrapaziert werden. Wenn Sie beispielsweise auf soziale Engagements verzichten, wenn Sie sich überfordert fühlen, oder zu stressige Aufgaben delegieren, kann dies dazu beitragen, das emotionale Gleichgewicht aufrechtzuerhalten. Zu lernen, diese Grenzen klar und selbstbewusst zu kommunizieren, ist entscheidend für die Aufrechterhaltung gesunder Beziehungen und die Vorbeugung von Burnout.

Zur Selbstfürsorge gehört auch, bei Bedarf professionelle Unterstützung in Anspruch zu nehmen. Regelmäßige Therapiesitzungen, ob einzeln oder in der Gruppe, können dauerhafte emotionale Unterstützung und Anleitung bieten. Therapeuten können Strategien zur Stressbewältigung, zur Verbesserung sozialer Fähigkeiten und zur Entwicklung gesünderer Denkmuster anbieten. Die Teilnahme an einer Therapie kann auch einen strukturierten Raum zur Erforschung und zum Verständnis persönlicher Emotionen bieten, was zu einer größeren Selbstwahrnehmung und emotionalen Regulierung führt.

Selbstvertrauen stärken

Selbstvertrauen ist ein wesentlicher Aspekt für ein erfülltes Leben. Für Erwachsene mit Autismus bedeutet die Stärkung des Selbstvertrauens, persönliche Ziele zu setzen und zu erreichen und zu lernen, Erfolge zu feiern und gleichzeitig Misserfolge zu verstehen und daraus zu wachsen.

Das Setzen persönlicher Ziele ist ein entscheidender Ausgangspunkt für den Aufbau von Selbstvertrauen. Persönliche Ziele geben Orientierung und Motivation und helfen dem Einzelnen, seine Bemühungen auf das Erreichen bestimmter Ergebnisse zu konzentrieren. Bei autistischen Erwachsenen kann das Setzen realistischer und erreichbarer Ziele dazu beitragen, ein Erfolgserlebnis und Selbstwertgefühl aufzubauen. Es ist wichtig, größere Ziele in kleinere, überschaubare Schritte zu unterteilen. Wenn eine Person beispielsweise ihre sozialen Fähigkeiten verbessern möchte, kann sie sich zunächst das Ziel setzen, einmal pro Woche ein Gespräch mit einer neuen Person zu beginnen. Das Erreichen dieser kleineren Meilensteine kann nach und nach Selbstvertrauen aufbauen und sie auf größere Herausforderungen vorbereiten.

Der Prozess der Zielsetzung sollte von Selbstreflexion und dem Verständnis persönlicher Stärken und Interessen geleitet werden. Autistische

Erwachsene verfügen oft über einzigartige Talente und Leidenschaften, die als Grundlage für ihre Ziele dienen können. Ganz gleich, ob es darum geht, eine Karriere in einem Spezialgebiet anzustreben, ein Hobby zu entwickeln oder soziale Fähigkeiten zu verbessern, die Ausrichtung von Zielen auf diese intrinsischen Stärken sorgt für eine höhere Erfolgs- und Erfüllungswahrscheinlichkeit. Darüber hinaus kann die Festlegung spezifischer, messbarer, erreichbarer, relevanter und zeitgebundener (SMART) Ziele für Klarheit und Struktur sorgen und den Weg zum Erfolg einfacher und weniger überwältigend machen.

Sobald Ziele festgelegt sind, erfordert der Prozess der Erreichung dieser Ziele Beharrlichkeit, Anstrengung und manchmal auch die Bereitschaft, Unterstützung zu suchen. Ein strukturierter Plan und Zeitplan kann dabei helfen, den Fokus und die Motivation aufrechtzuerhalten. Beispielsweise kann die Verwendung eines Planers oder einer digitalen App zur Verfolgung des Fortschritts eine visuelle Darstellung von Erfolgen und Bereichen bieten, die Aufmerksamkeit erfordern. Die regelmäßige Überprüfung und Anpassung von Zielen ist ebenfalls von entscheidender Bedeutung, da sie es dem Einzelnen ermöglicht, sich an veränderte Umstände anzupassen und eine realistische Perspektive zu bewahren.

Erfolge zu feiern ist ein wesentlicher Bestandteil zur Stärkung des Selbstvertrauens. Sich selbst für das Erreichen von Meilensteinen anzuerkennen und zu belohnen stärkt das positive Verhalten und stärkt das Selbstwertgefühl. Erfolge können auf verschiedene Arten gefeiert werden, indem man sich beispielsweise eine Lieblingsbeschäftigung gönnt, Erfolge mit unterstützenden Freunden oder der Familie teilt oder sich einfach einen Moment Zeit nimmt, um über die erzielten Fortschritte nachzudenken. Es ist wichtig zu erkennen, dass es beim Erfolg nicht nur darum geht, das Endziel zu erreichen, sondern auch darum, Fortschritte zu machen und auf dem Weg zu wachsen.

Ebenso wichtig für den Aufbau von Selbstvertrauen ist es, aus Fehlern zu lernen. Misserfolge und Rückschläge sind bei jedem Unterfangen unvermeidlich, bieten aber wertvolle Lernmöglichkeiten. Es ist wichtig, Misserfolge mit einer Wachstumsmentalität anzugehen und sie als Chance zum Lernen und Verbessern zu betrachten und nicht als Ausdruck persönlicher Unzulänglichkeit. Für autistische Erwachsene könnte dies bedeuten, zu analysieren, was schief gelaufen ist, Bereiche mit Verbesserungspotenzial zu identifizieren und neue Strategien für zukünftige Versuche zu entwickeln. Eine unterstützende Therapie oder Beratung kann dabei helfen, diese Überlegungen zu bewältigen und konstruktive Bewältigungsmechanismen zu entwickeln.

Die Entwicklung von Resilienz bei Misserfolgen erfordert das Üben von Selbstmitgefühl und die Wahrung einer ausgewogenen Perspektive. Selbstmitgefühl bedeutet, freundlich zu sich selbst zu sein, anzuerkennen, dass jeder Fehler macht, und zu verstehen, dass Scheitern ein natürlicher Teil des Lernprozesses ist. Dieser Ansatz trägt dazu bei, Gefühle der Frustration und des Selbstzweifels zu mildern, sodass der Einzelne schneller und mit größerer Entschlossenheit wieder auf die Beine kommt. Zur Wahrung einer ausgewogenen Perspektive gehört es, langfristige Ziele im Auge zu behalten und sich von kurzfristigen Rückschlägen nicht entmutigen zu lassen. Es geht darum, im Laufe der Zeit erzielte Fortschritte anzuerkennen und sich auf das Gesamtbild zu konzentrieren.

Zum Aufbau von Selbstvertrauen gehört auch die Teilnahme an Aktivitäten, die ein Gefühl von Kompetenz und Meisterschaft fördern. Ganz gleich, ob es darum geht, eine neue Fähigkeit zu erlernen, einem Hobby nachzugehen oder sich ehrenamtlich zu engagieren – diese Aktivitäten sind ein greifbarer Beweis für die eigenen Fähigkeiten und Beiträge. Auch die Teilnahme an gemeinschaftlichen Aktivitäten oder der Beitritt zu Selbsthilfegruppen kann das Selbstvertrauen stärken, indem sie soziale Interaktion und Möglichkeiten zum Erfahrungsaustausch und zur Unterstützung mit anderen bietet, die ähnliche Herausforderungen verstehen.

Diese Reise erfordert Selbstreflexion, Beharrlichkeit und ein unterstützendes Umfeld, das Wachstum und Belastbarkeit fördert. Durch die Konzentration auf persönliche Stärken, die Aufrechterhaltung einer Wachstumsmentalität und die Teilnahme an sinnvollen Aktivitäten können autistische Erwachsene ein starkes Selbstvertrauen aufbauen, das es ihnen ermöglicht, die Herausforderungen des Lebens mit größerer Sicherheit zu meistern und ein ausgeglicheneres und erfüllteres Leben zu führen.

KAPITEL 8

Aufrechterhaltung des emotionalen Gleichgewichts im täglichen Leben

Die Aufrechterhaltung des emotionalen Gleichgewichts im täglichen Leben ist ein entscheidender Aspekt des Wohlbefindens für jeden, ist jedoch für Erwachsene mit Autismus von besonderer Bedeutung. Eine Schlüsselstrategie, um dieses Gleichgewicht zu erreichen, ist die Schaffung eines strukturierten Tagesablaufs, der Arbeit, Freizeit und Selbstpflegeaktivitäten umfasst. Dieser Ansatz sorgt nicht nur für Stabilität, sondern hilft auch bei der Stressbewältigung und der Verbesserung der allgemeinen emotionalen Gesundheit.

Die Schaffung einer ausgewogenen Routine beginnt mit dem Verständnis der Bedeutung der Struktur im täglichen Leben. Für viele autistische Erwachsene vermitteln Vorhersehbarkeit und Routine ein Gefühl von Sicherheit und Kontrolle, reduzieren Ängste und helfen, die Komplexität der täglichen Aktivitäten zu meistern. Ein strukturierter Zeitplan kann Unsicherheiten minimieren und einen klaren Rahmen für den Tag schaffen, sodass Sie sich leichter auf Aufgaben konzentrieren und die Zeit effektiv verwalten können. Diese Struktur sollte einheitliche Aufwach- und Schlafenszeiten, Essenszeiten, Arbeitszeiten sowie Zeiträume für Entspannung und Freizeitaktivitäten umfassen.

Die Balance zwischen Arbeit, Freizeit und Selbstfürsorge ist entscheidend für die Aufrechterhaltung des emotionalen Gleichgewichts. Arbeit, sei es Beschäftigung, Bildung oder Haushaltspflichten, ist ein wesentlicher Teil des Lebens, der Sinn und Erfolgserlebnisse vermittelt. Es ist jedoch wichtig sicherzustellen, dass die Arbeit den Alltag nicht zu Lasten anderer Aktivitäten dominiert. Überlastung kann zu Burnout und erhöhtem Stress führen, insbesondere bei Menschen mit Autismus, die möglicherweise bereits mit sensorischen Empfindlichkeiten und sozialen Herausforderungen zurechtkommen.

Freizeitaktivitäten spielen eine wichtige Rolle bei der emotionalen Regulierung, indem sie

Möglichkeiten zur Entspannung und zum Vergnügen bieten. Zu diesen Aktivitäten können Hobbys, Sport, Lesen oder andere Interessen gehören, die Freude und Entspannung bringen. Freizeitaktivitäten ermöglichen eine mentale Pause vom arbeitsbedingten Stress und können die allgemeine Stimmung und das Wohlbefinden verbessern. Es ist wichtig, eine Vielzahl von Freizeitaktivitäten einzuplanen, um den Alltag spannend zu halten und Monotonie zu vermeiden.

Selbstfürsorge ist ein weiterer wesentlicher Bestandteil einer ausgewogenen Routine. Selbstfürsorge umfasst Aktivitäten, die die körperliche, emotionale und geistige Gesundheit fördern, wie etwa Bewegung, gesunde Ernährung, ausreichend Schlaf und Achtsamkeitsübungen. Für autistische Erwachsene kann die Selbstpflege auch spezifische sensorische Aktivitäten umfassen, die helfen, sensorische Empfindlichkeiten zu bewältigen, wie z. B. die Verwendung von Kopfhörern mit Geräuschunterdrückung, die Ausübung sensorischer Hobbys oder das Üben von Tiefendrucktechniken. Insbesondere regelmäßige Bewegung hat bekanntermaßen zahlreiche Vorteile für die emotionale Gesundheit, darunter die

Verringerung von Angstzuständen und Depressionen sowie die Verbesserung der allgemeinen Stimmung.

Die Entwicklung einer ausgewogenen Routine erfordert sorgfältige Planung und Flexibilität. Beginnen Sie damit, die Kernaktivitäten zu identifizieren, die in den Tagesplan aufgenommen werden müssen, wie z. B. berufliche oder schulische Verpflichtungen, Mahlzeiten und wesentliche Selbstpflegepraktiken. Als nächstes weisen Sie diesen Aktivitäten bestimmte Zeitfenster zu und achten dabei auf ein Gleichgewicht zwischen produktiven Aufgaben und Entspannungsphasen. Es kann hilfreich sein, einen Planer oder ein digitales Planungstool zu verwenden, um diese Routine zu erstellen und aufrechtzuerhalten.

Flexibilität innerhalb der Routine ist ebenfalls wichtig. Während ein strukturierter Zeitplan für Stabilität sorgt, ist es wichtig, Anpassungen aufgrund sich ändernder Umstände oder unerwarteter Ereignisse zu ermöglichen. Eine zu strenge Einhaltung der Routine kann bei Abweichungen zu zusätzlichem Stress führen. Streben Sie stattdessen eine flexible Struktur an, die sich an neue Situationen anpassen kann und gleichzeitig das Gesamtgleichgewicht der Aktivitäten beibehält. Wenn beispielsweise eine Arbeitsaufgabe länger dauert als erwartet, kann es notwendig sein, die für eine Freizeitaktivität vorgesehene Zeit zu verkürzen, es ist jedoch wichtig, sicherzustellen, dass dennoch eine gewisse Form der Entspannung vorhanden ist.

Zur Aufrechterhaltung eines ausgewogenen Tagesablaufs gehört auch die regelmäßige Überprüfung und Anpassung des Zeitplans, um sicherzustellen, dass er weiterhin den sich ändernden Bedürfnissen und Vorlieben entspricht. Dieser Überprüfungsprozess kann die Überlegung beinhalten, welche Aktivitäten gut funktionieren, welche möglicherweise mehr Zeit benötigen und welche neuen Aktivitäten eingeführt werden könnten, um die Routine zu verbessern. Das Einholen von Feedback von vertrauenswürdigen Freunden, Familienmitgliedern oder Supportmitarbeitern kann ebenfalls wertvolle Erkenntnisse darüber liefern, wie man einen ausgeglichenen Zeitplan verbessern und aufrechterhalten kann.

Die Integration von Achtsamkeitsübungen in den Tagesablauf kann das emotionale Gleichgewicht weiter verbessern. Achtsamkeit bedeutet, im Augenblick präsent zu sein und ohne Urteil auf Gedanken und Gefühle zu achten. Einfache Achtsamkeitsübungen wie tiefes Atmen, Meditation oder achtsames Gehen können in den Tagesablauf integriert werden, um Stress zu bewältigen und die emotionale Regulierung zu verbessern. Diese Praktiken können für einen mentalen Neustart sorgen und eine bessere Konzentration und emotionale Kontrolle im Laufe des Tages ermöglichen.

Langfristige emotionale Regulierung

Die langfristige Aufrechterhaltung der emotionalen Regulierung ist ein fortlaufender Prozess, der Beständigkeit, Anpassungsfähigkeit und die Verpflichtung zur Selbstfürsorge erfordert. Für Erwachsene mit Autismus ist die Entwicklung und Aufrechterhaltung wirksamer emotionaler Regulierungspraktiken von entscheidender Bedeutung, um langfristiges Wohlbefinden und Belastbarkeit zu erreichen. In diesem Kapitel werden Strategien untersucht, um mit den Praktiken der emotionalen Regulierung im Einklang zu bleiben und diese Strategien anzupassen, wenn sich die Lebensumstände ändern.

Die Einhaltung emotionaler Regulierungspraktiken beginnt mit der Schaffung einer soliden Grundlage für tägliche Routinen und Gewohnheiten. Diese Routinen sollten Aktivitäten umfassen, die die körperliche, geistige und emotionale Gesundheit fördern, wie z. B. regelmäßige Bewegung, ausgewogene Ernährung, ausreichend Schlaf, Achtsamkeitsübungen und Zeit für Freizeit und Entspannung. Konstanz in diesen Bereichen hilft, die Stimmung zu stabilisieren, Angstzustände zu reduzieren und die Stressresistenz zu stärken.

Eines der Schlüsselelemente der langfristigen emotionalen Regulierung ist die regelmäßige Ausübung von Achtsamkeit und anderen kognitiven Verhaltenstechniken. Achtsamkeit bedeutet, im Augenblick präsent zu sein und Gedanken und Gefühle ohne Urteil zu beobachten. Techniken wie tiefes Atmen, Meditation und achtsames Gehen können dabei helfen, auf dem Boden zu bleiben und Stress effektiver zu bewältigen. Durch die Integration dieser Praktiken in das tägliche Leben können Einzelpersonen ein größeres Selbstbewusstsein und eine größere emotionale Kontrolle entwickeln.

Ein weiterer wichtiger Aspekt zur Wahrung der Konsistenz ist die Festlegung realistischer Ziele und Erwartungen. Es ist wichtig zu erkennen, dass die emotionale Regulierung eine Fähigkeit ist, deren Entwicklung Zeit braucht und dass der Fortschritt schrittweise erfolgen kann. Das Setzen kleiner, erreichbarer Ziele kann dazu beitragen, Selbstvertrauen aufzubauen und ein Erfolgserlebnis zu vermitteln. Das Feiern dieser kleinen Erfolge, egal wie unbedeutend sie auch erscheinen mögen, stärkt positive Verhaltensweisen und motiviert zum weiteren Üben.

Auch für die langfristige emotionale Regulierung ist die Schaffung eines Unterstützungssystems von entscheidender Bedeutung. Es ist von unschätzbarem Wert, über ein Netzwerk aus vertrauenswürdigen Freunden, Familienmitgliedern oder Hilfskräften zu verfügen, die verstehen und bei Bedarf Hilfe leisten können. Diese Personen können Ermutigung bieten, Feedback geben und Einzelpersonen dabei helfen, für ihre emotionalen

Regulierungspraktiken verantwortlich zu bleiben. Regelmäßige Besuche bei einem Therapeuten oder Berater können ebenfalls fortlaufende Unterstützung und Anleitung bieten.

Neben der Aufrechterhaltung konsistenter Praktiken ist es wichtig, die Strategien zur emotionalen Regulierung an veränderte Lebensumstände anzupassen. Das Leben ist dynamisch und der Einzelne steht möglicherweise vor neuen Herausforderungen, Übergängen oder Stressfaktoren, die eine Anpassung seiner Routinen und Bewältigungsmechanismen erfordern. Flexibilität und Offenheit für Veränderungen sind entscheidend für den langfristigen Erfolg.

Die Anpassung von Strategien kann eine Neubewertung aktueller Routinen und die Identifizierung von Bereichen beinhalten, die einer Änderung bedürfen. Beispielsweise können ein neuer Job, ein Umzug oder Veränderungen in den persönlichen Beziehungen eine Anpassung der Tagesabläufe oder Selbstfürsorgepraktiken erforderlich machen. Es ist wichtig, diese Veränderungen proaktiv zu erkennen und die notwendigen Anpassungen vorzunehmen, um das emotionale Gleichgewicht aufrechtzuerhalten.

Ein weiterer Aspekt der Anpassungsfähigkeit besteht darin, weiterhin neue Techniken und Werkzeuge zu erlernen und zu integrieren. Emotionale Regulierung ist ein sich entwickelndes Feld, und es entstehen ständig neue Forschungsergebnisse und Praktiken. Sich über diese Entwicklungen auf dem Laufenden zu halten und bereit zu sein, neue Ansätze auszuprobieren, kann die Bemühungen zur emotionalen Regulierung verbessern. Dies kann das Erkunden verschiedener Arten von Achtsamkeitspraktiken, das Experimentieren mit neuen kognitiven Verhaltenstechniken oder die Verwendung technologiebasierter Tools wie Apps zur Unterstützung der psychischen Gesundheit umfassen.

Auch das Nachdenken über persönliches Wachstum und Fortschritt ist ein wichtiger Teil der langfristigen emotionalen Regulierung. Wenn Sie sich Zeit nehmen, um zu bewerten, was gut funktioniert hat und welche Bereiche verbessert werden müssen, können Sie wertvolle Erkenntnisse gewinnen und zukünftige Bemühungen leiten. Tagebuchführung, Tools zur Selbsteinschätzung oder Gespräche mit einem Therapeuten können diesen Reflexionsprozess erleichtern.

Der Umgang mit Rückschlägen und Herausforderungen ist ein weiterer wichtiger Bestandteil der langfristigen emotionalen Regulierung. Es ist normal, dass es zu Schwierigkeiten oder Rückschritten kommt, insbesondere in Zeiten hoher Belastung oder bedeutender Veränderungen im Leben. Die Entwicklung einer widerstandsfähigen Denkweise und das Lernen, Rückschläge als Wachstumschancen und nicht als Misserfolge zu betrachten, können Menschen dabei helfen, schwierige Zeiten zu überstehen. Der Einsatz von Bewältigungsstrategien wie Problemlösung, Suche nach Unterstützung und Selbstmitgefühl kann bei der Bewältigung dieser Herausforderungen hilfreich sein.

Selbstmitgefühl spielt eine wichtige Rolle bei der langfristigen Aufrechterhaltung der emotionalen Regulierung. Dazu gehört, sich selbst gegenüber freundlich und verständnisvoll zu sein, insbesondere in schwierigen Zeiten. Die Erkenntnis, dass jeder vor Herausforderungen steht und dass es in Ordnung ist, bei Bedarf Hilfe zu suchen oder eine Pause einzulegen, kann den selbst auferlegten Druck lindern und emotionalen Stress reduzieren.

Abschluss

„Emotionale Regulierung für Erwachsene mit Autismus: Ein umfassender Fahrplan für eine verbesserte psychische Gesundheit, mehr Selbstvertrauen und ein ausgeglicheneres Leben" zielt darauf ab, Menschen mit Autismus in die Lage zu versetzen, ihre Emotionen effektiv zu verstehen und zu bewältigen. Durch die Vertiefung in die Wissenschaft der emotionalen Regulierung, die Identifizierung allgemeiner Herausforderungen und die Bereitstellung praktischer Strategien bietet dieses Buch einen ganzheitlichen Ansatz zur Erreichung emotionalen Wohlbefindens.

Der Weg zu einer verbesserten psychischen Gesundheit und mehr Selbstvertrauen erfordert den Aufbau von Selbstbewusstsein, die Entwicklung von Belastbarkeit und die Schaffung unterstützender Netzwerke. Durch Achtsamkeit, kognitive Verhaltenstechniken und sensorische Interventionen können Menschen lernen, mit ihren Emotionen umzugehen und ein ausgeglicheneres Leben zu führen.

Letztlich geht es bei dieser Roadmap nicht nur um die Bewältigung von Schwierigkeiten, sondern auch darum, Stärken zu nutzen und Freude im täglichen Leben zu finden. Emotionale Regulierung ist ein kontinuierlicher Prozess, und mit den richtigen Werkzeugen und der richtigen Unterstützung können Erwachsene mit Autismus gedeihen und ein Leben voller Sinn, Bedeutung und Wohlbefinden führen.